ユダヤ教と
キリスト教

上智大学キリスト教文化研究所 編

LITHON

まえがき

キリスト教は、確かに、ユダヤ教を抜きにしては、その存在意義を確認することも、またそれを具体的に生きることもできない。しかしその一方で、両者の関係は、その歴史が示すように、極めてデリケートなものとなっている。そのような状況の中で、次に紹介する第二バチカン公会議の文書は、両者の本来あるべき姿を的確に示しているだろう。

この聖なる教会会議は、教会の神秘を探究しつつ、新約の民とアブラハムの子孫を霊的に結びつけているきずなに心を留める。

というのは、キリストの教会は、自らの信仰と選びの始まりが神の救いの神秘に基づいてすでに族長たちとモーセと預言者たちのもとに見いだされることを認めるからである。信仰によってアブラハムの子であるすべてのキリスト信者がこの同じ族長の召命のうちに含まれており、また教会の救いが選ばれた民の隷属の地からの脱出のうちに神秘的に予表されていることを告白する。それゆえ教会は、神がその名状しがたいあわれみによって古い契約を結ぶことをよしとされた、この民を通して旧約の啓示を受け取ったことを忘れることはない。また、異邦人である野生のオリーブの枝が接ぎ木されたよいオリーブの木の根によって養われていることをも忘れることはない。というのは、教会は、われわれの平和であるキリストがその十字架によってユダヤ人と異邦人とを和解させ、両者を自らにおいて一つにしたことを信じているからである（『キリスト教以外の諸宗教に対する教会の態度についての宣言』四項）。

当研究所は、二〇一八年一一月一七日、「ユダヤ教とキリスト教」をテーマとして、聖書講座を開催した。本書は、この講座に基づいている。

高橋洋成《よな》氏は、「イエスの時代の言語生活――イエスは何語を使ったか？――」というタイトルの下で、大変興味深いテーマを提示している。確かな証拠はないが、一般的に、イエスはアラム語を話したと言われている。しかし、聖書を調べてみると、アラム語なのかヘブライ語なのか、それは曖昧だと言う。当時のパレスチナは、西方の国際語であるギリシア語と、東方の国際語であるアラム語が交差する地域であった。また、ヘブライ語は、ただ単に書き言葉としてだけでなく、話し言葉としても使われていたと言う。このような状況を鑑みると、地域ごとに一つの言語が使われていたというよりも、むしろ複数の言語が、場面に応じて「使い分け」されていたと考えられる。このような現象は、言語学では、「ダイグロシア」（二言語使い分け）と言う。そのような状況を踏まえて、氏は、果たしてイエスは何語を使ったのか、また、聖書記者はどのような言葉を使ったのかについて論じる。

志田雅宏氏は、「中世ユダヤ教世界におけるイエス――聖書解釈と民間伝承――」というタイトルの下で、以下のような論を展開する。中世のユダヤ人は、E・ルナンらに代表される近代の「史的イエス」の探求とは異なった仕方で、「人間イエス」を描いた。その目的は、主に、キリスト教との宗教論争の中で、キリスト教の聖書を読み、それによって、対抗的な言説を創り出すことにあった。氏は、ユダヤ版イエス描写を二つの文学ジャンルから取り上げる。その一つは、聖書解釈であり、ヘブライ語聖書／旧約聖書にイエス・キリストの預言を見出すキリスト教神学者に対して、ユダヤ人の聖書注釈家がどのような批判的応答を行ったのか、そのことを、中世ユダヤ教における代表的なキリスト教論駁書から検討する。もう一つは、民間伝承であり、新約聖書の福音書におけるイエスの生涯と活動を大胆に読み替えた『トルドート・イェシュ』というユダヤ版イエス物語を紹介する。これらを踏まえて、中世ユダヤ教とキリスト教との論争という文脈における聖書の読み方について検討する。

武井彩佳氏は、「ホロコースト後のユダヤ人とキリスト教徒」と題して、ホロコーストゆえに生じた諸問題について、具体例を挙げながら論述する。例えば、迫害を逃れるために、ユダヤ教からキリスト教に改宗した者は、戦後どのような扱いを受けたのかについて言及する。また、これはカトリック圏ではよく見られるケースであるが、キリスト教徒の家庭に匿われ、受洗した子供の返還が裁判で争われているが、具体的に、それはどのような状況になっているのか、そのことについて考察する。その一方で、キリスト教徒の側から、ユダヤ人との和解はどのように試みられたのかが論じられる。この問題は、ホロコーストにおける加害者が、キリスト教徒であったことを鑑みると、また一つの大きな問題であるが、実際、避けては通れない問題である。

凛とした心を生きて辛夷咲く

キリスト教文化研究所所長　竹内修一

ユダヤ教とキリスト教

目次

イエスの時代の言語生活
――イエスは何語を使ったか？――

髙橋洋成

一　はじめに

他者の言語生活に目を向ける

現在広く受け入れられている通説によれば、イエスはアラム語を話していた。二〇〇四年、イエスの受難を描いたメル・ギブソン監督の『パッション』が話題となったが、この映画では登場人物の台詞がすべてアラム語とラテン語であった。イエスと弟子たちがアラム語で会話するのを、現代に生きる私たちは映画を通して初めて目撃したことになる。

だが、「イエスはアラム語を話した」という一見単純明快な回答は、実は数々の問題を孕んでいる。そもそも、イエスはアラム語を習慣的に話していたのか、それとも必要に応じて話すことができたということなのか。もし習慣的に話していたのであれば、それは家族と話すときか、仕事仲間と話すときか、弟子たちと話すときか。イエスは百人隊長（マタ八5―13等）、カナンの女（マタ一五21―28等）、サマリアの女（ヨハ四1―42）と話したとされるが、イエスはラテン語、ギリシア語、フェニキア語、サマリア方言アラム語を話すことができたのか。それとも、彼らがイエスのアラム語を話すことができたのだろうか。あるいは、もしイエスが必要に応じてアラム語を話していたのであれば、習慣的に話す言語は何であったか。アラム語はイエスの母語であったのか、それともイエスの母語は別にあり、日常ではアラム語を用いていたということなのか。

こうした問いは決して揚げ足取りではない。言語を使うということは、私たちにとってあまりに身近であるだけに、私たちはしばしば自分の言語生活を当然のように考え、他者の言語生活におけるさまざまな違いを見過ごしてしまうのである。

多言語話者としてのイエス

この物音に大勢の人が集まって来た。そして、だれもかれも、自分の故郷の言葉が話されているのを聞いて、あっけにとられてしまった。「どうしてわたしたちは、めいめいが生まれた故郷の言葉を聞くのだろうか。わたしたちの中には、パルティア、メディア、エラムからの者がおり、また、メソポタミア、ユダヤ、カパドキア、ポントス、アジア、フリギア、パンフィリア、エジプト、キレネに接するリビア地方などに住む者もいる。また、ローマから来て滞在中の者、ユダヤ人もいれば、ユダヤ教への改宗者もおり、クレタ、アラビアから来た者もいるのに、彼らがわたしたちの言葉で神の偉大な業を語っているのを聞こうとは。」（使二6―11）

一世紀のエルサレムでは多くの言語が飛び交っていた。各地に離散し、さまざまな母語を持つようになったユダヤ人が、巡礼や勉学のためにエルサレムを訪れていた。また、交易の中心地でもあったエルサレムには、諸外国から多くの商人がやって来た。

そもそも古代から現代に至るまで、中東は多言語地域である。都市に一時滞在者が集まれば多言語状況が生まれ、その地に住む人々もしばしば多言語話者になる。それゆえ、イエスが多言語話者であっても何ら不思議なことは無い。にもかかわらず、私たちは何らかの思い込みによって、イエスを単一言語話者だと決めつける傾向がある。私たちはこのことを反省し、「イエスは何語を使ったか?」という問いを次のように訂正すべきである。

「イエスは何語をどのように使ったか?」

イエスの言語をどのように突き止めるのか

イエス自身が書き残した文字資料は発見されていない。福音書、特にマルコによる福音書には、イエスが口にしたという語形が記されているが、それらが何語であるかは諸説あり、はっきりしない(付録Aを参照)。

そもそも歴史資料が、どの場所でどのような言語が話されていたかを記していることは稀である。もし記されているとしても、その解釈は難しい。たとえば、言語の名称というものは曖昧であり、同じ言語でも異なる名称で呼ばれることは珍しくない。また、ある言語が社会の中で何らかの権威を獲得している場合、人々はしばしば自分を「権威ある言語の話者」と見なし、外国人に間違った情報を与える場合もある。

土中から発見された遺物に文字が刻まれている場合も、同じような注意が必要となる。たとえば、エルサレムの近くで発見された骨棺のいくつかは、故人が外国から移住してきたことをギリシア語で告げている。だがそのことは、故人がギリシア語を話していたことを確証するものではなく、単に遺族または骨棺の職人が刻んだ定型句であった可能性も大きい。

さらに、私たちが念頭に置くべきことがある。書き残されたものというのは、書き手が抱いていた興味関心にもとづくものであり、しかも、その多くが時と共に失われたため、古代の言語生活の全般にわたるものではまったくない、ということである。私たちが手にする資料は限られており、しかも大いに偏っている。私たちにできることは、限られた資料を丁寧に読み解き、古代の言語生活をわずかに垣間見ることだけである。したがって、私たちは先ほど訂正した問いを、さらに次のように再訂正しよう。

「イエスの時代の人々は、何語をどのように使ったと考えられるか?」

二 前一千年期のシリア・パレスティナ地方の歴史

まず、前一千年期のシリア・パレスティナ地方の歴史を概観しておこう。

『サムエル記』『列王記』によれば、サウル王に始まり、ダビデ王を戴くイスラエル十二部族の統一国家は、ダビデの子ソロモン王の死後、イスラエル王国とユダ王国とに分裂した。

前八世紀も半ばを過ぎた頃、アッシリア帝国がシリア・パレスティナ地方に侵攻してきた。アラムの都市国家の多くが滅ぼされ、イスラエル王国も滅ぼされた。アッシリア帝国はユダ王国にも攻め入ったが、幸運にもユダ王国は生き延びた。このときの様子は、楔形文字で書かれたアッシリア帝国の遠征記にも記されている(テイラー・プリズム)。

前七世紀になると、バビロニア帝国（カルデア帝国とも呼ばれる）が力をつけ、アッシリア帝国を滅ぼした。その後、バビロニア帝国はシリア・パレスティナ地方の支配権をめぐってエジプト帝国と争う。この間、ユダ王国は独立派、エジプト派、バビロニア派の間で揺れ動いていたが、前五八七年、バビロニア帝国によって滅ぼされた。エルサレム神殿は粉々に破壊され、高官から職人に至るまで、多くの者がバビロンへ連れ去られたという。バビロン捕囚と呼ばれる出来事である。

だが、程なくしてバビロニア帝国はペルシア帝国（アケメネス朝）に征服される。ペルシア帝国は広大な支配地に対し、中央の目を光らせつつも、各民族に自治権を与えた。『エズラ記』『ネヘミヤ記』によれば、ペルシア帝国はユダヤ（「ユダの地」の意）に対しても、エルサレム神殿の再建を許可した。そのため、各地に離散していたユダヤ人、特にバビロンに住んでいたユダヤ人が、続々とエルサレムへ帰還してきた。ヘブライ語聖書（旧約聖書）が記す時代はここまでである。

前四世紀になると、マケドニア帝国のアレクサンドロス大王がペルシア帝国に攻め入り、シリア・パレスティナ地方、エジプト地方を征服し、ついに首都バビロンを陥落させた。前代未聞の大帝国を築いたアレクサンドロス大王であったが、バビロンで急逝したため、その大帝国は分裂した。パレスティナ地方は、大王の部下の一人、プトレマイオス将軍が統治するエジプト帝国（プトレマイオス朝）の支配下に置かれることになる。パレスティナ地方にヘレニズム、すなわちギリシア語文明の波が押し寄せてきた。

さて、大王のもう一人の部下、アンティゴノス将軍に始まるシリア帝国（アンティゴノス朝）が、前二世紀の初めにエジプト帝国との戦争に勝利し、パレスティナ地方の支配権を得た。シリア帝国は、エルサレムをはじめとするパレスティナ全土を、ギリシア型の都市に作り変えようとした。しかし、それに対する反発が生じる。旧約続編の『マカバイ書一』に記されるマカバイ戦争である。この戦争によって、ユダヤ人はシリア帝国を退けることに成功し、ユダヤ国（ハスモン朝、後にヘロデ朝）として独立を果たした。

前一世紀になると、ローマ共和国がシリア帝国を滅ぼした。その後、ローマ共和国では内乱が生じたが、それを勝ち抜いたオクタヴィアヌス（後のアウグストゥス）がローマ帝国を開いた。当時のユダヤ国を掌握していたヘロデ大王は、ローマ帝国の後ろ盾を得て辣腕を振るった。しかしヘロデ大王の死後、パレスティナ地方では反ヘロデ家、反ローマ運動が相次ぎ、ヘロデの息子たちにはそれを抑えることができなかった。そのため、ローマ帝国はヘロデの息子たちから統治権を取り上げ、シリア総督の指揮下にあるユダヤ長官に統治を任せることにした。

イエス・キリストが地上を歩いていたのは、まさにヘロデ大王の死後、ローマ帝国がシリア・パレスティナ地方を支配していた時代である。

三　前一千年期のシリア・パレスティナ地方の言語史

次に、前一千年期のシリア・パレスティナ地方における言語の移り変わりを見ておきたい。

「ユダの言葉」と「アラムの言葉」

前一一世紀頃、ヨルダン川を挟んで東側のギルアドと西側のエフライムの間には、言葉の違いがあったという（士一二6）。

G・レンズバーグの研究によれば、イスラエル王国とユダ王国の間にも言葉の違いがあった。後に「聖書ヘブライ語」として標準的な書き言葉になるのは、エルサレムを中心とした「ユダの言葉」の方である。『列王記』によれば、前八世紀頃のエルサレムでは「ユダの言葉」が話されており、「アラムの言葉」は高官や外交官だけが理解できた（王下一八26、イザ三六11、代下三二18）。

ところが、ユダ王国はバビロニア帝国によって滅ぼされ、そのバビロニア帝国もペルシア帝国によって滅ぼされた。国際情勢が目まぐるしく変わる中で、パレスティナ地方の言語状況もまた一変した。

前六〜前五世紀、バビロン捕囚から帰還したユダヤ人の多くは「ユダの言葉」を理解できず、「アシュドドの言葉」をはじめとするそれぞれの言葉で話していた（ネへ一三24）。こうしたユダヤ人のために、神の律法の書が「はっきりと、意味を明らかにしながら」朗読されたと『ネヘミヤ記』は記すが（ネへ八8）、これは律法の書を「アラムの言葉」に翻訳したという意味だ、と伝統的に考えられている（バビロニア・タルムード『メギッラー篇』3a）。つまり、「ユダの言葉」を理解できず、それぞれの言葉で話していたユダヤ人であったが、「アラムの言葉」であれば多くの人々が理解できたというのである。

東方世界の公用語であったアラム語

そもそも「アラムの言葉」、アラム語とはどのような言語だろうか。「ガリラヤ出身のイエスや弟子たちがアラム語を話していた」と聞いて想像をたくましくしたのか、「アラム語とは、ユダヤの片田舎で使われていたヘブライ語の方言である」と誤解している人が少なくない。

実際には、アラム語は前八〜前四世紀にかけて、アッシリア帝国、バビロニア帝国、ペルシア帝国の行政語・公用語として用いられた大言語である。もともとは北シリア周辺で使われていた言葉であったが、アラムの都市国家を征服したアッシリア帝国は、行政文書や外交書簡をアラム語で書くようになった。そのやり方はバビロニア帝国に受け継がれ、さらにペルシア帝国の時代になると、アラム語は帝国全土の行政語になったのである。

現在では「帝国アラム語」と呼ばれるこの言語は、高度に標準化された書き言葉であり、どの地域で書かれた文書であっても地域性があまり見られない。それゆえ、帝国アラム語で書かれた文書は、現地の言葉に翻訳するのも比較的容易であったと思われる。たとえば、ペルシアの書記は帝国アラム語で書かれた文書を、しばしばペルシア語で「訓読み」していた形跡がある。つまり、日本における漢文訓読と同じような伝統が、ペルシアにも存在していたのである。

ちなみにインドでも、前三世紀のアショーカ王碑文がアラム語で書かれている。また、アラム文字は各地で改良されてブラフミー文字（梵字）、ソグド文字、さらにウイグル文字、蒙古文字、満州文字、クメール文字、ビルマ文字へと発展していく。

ユダヤ人が使ったアラム語

このように、帝国アラム語が東方世界の公用語であったため、バビロンをはじめ各地に離散したユダヤ人もアラム語を共通語として用いていた可能性が高い。「可能性が高い」と明言を避けたのは、実際のところ、バビロン捕囚期以後のユダヤ人が何語を用いていたのか、はっきりと示す資料が極めて少ないからである。数少ない証拠の一つは、前五世紀頃、エジプト南部の都市エレファンティネで書かれた文書である（エレファンティネ・パピルス）。この都市はユダヤ人が建設した軍事植民基地であり、文書の中にはアラム語で書かれた結婚証書や離婚証書、ペルシア宮廷のユダヤ人ハナニから送られた書簡、エルサレムの大祭司宛に送った書簡の写しなどがある。この資料から、少なくともエレファンティネのユダヤ人は、日常生活にも外交書簡にもアラム語を用いていたことが分かる。

さて、帝国アラム語は高度に標準化された書き言葉である。裏を返せば、帝国アラム語で書かれた文書から、当時の人々の話し言葉を探り当てるのは難しい。話し言葉は常に変化しているが、書き言葉、とりわけ公文書に用いられるような改まった書き言葉というのは変化しにくいものだからである。こうして話し言葉と書き言葉は乖離していく。

ところが、前三世紀にギリシア語文明が東方世界に押し寄せると、帝国アラム語は次第に公用語としての地位をギリシア語に譲っていく。すると、公文書に書かれた帝国アラム語が少しずつ統一性を失い、地方色を帯びるようになるのである。これは、帝国アラム語の書記教育が廃れ始め、各地域の話し言葉の要素が、書き言葉の中に混入してきたためと考えられている。そして、書き言葉としての帝国アラム語の「かたち」が崩れ始め、話し言葉と混ざり合った結果、地方色を帯びた新たな書き言葉としての中期アラム語が生まれる。

中期アラム語へ移行していく最初期の例が、ヘブライ語聖書の中でアラム語で書かれたわずかな部分（エズ四8―六18、七12―26、ダニ二4b―七28、エレ一〇11、創三一47）である。そこで用いられているアラム語（聖書アラム語）は、文法的には帝国アラム語だが、綴り字はすでに中期アラム語のものである。つまり、発音がだいぶ変化していることが伺える。ただし、これらのアラム語部分がいつ、どこで書かれたものかは判然としない。

帝国アラム語から中期アラム語への移行は、前二～二世紀という長い時間をかけて進行した。そして聖書アラム語をはじめ、ナバテア語、パルミラ語、シリア語、パレスティナ方言ユダヤ人アラム語、バビロニア方言ユダヤ人アラム語、マンダ語、ガリラヤ方言アラム語、サマリア方言アラム語、パレスティナ方言キリスト教徒アラム語など、数多くの「中期アラム諸語」をかたち作ることになる。したがって、「アラム語」とは、アラム語を共通の先祖とする数多くの言語の総称でもある。

もし仮に、イエスがアラム語を話し、新約聖書の一部がもともとアラム語で書かれたのであれば、それは中期アラム語への移行期のものでなければならない。

東方世界の共通語となったギリシア語

前四世紀、シリア・パレスティナ地方の言語状況を大きく変える出来事が生じた。マケドニア帝国のアレクサンドロス大王の東征である。シリア・パレスティナ地方にギリシア語文明の波が押し寄せ、海岸沿いやヨルダン川沿いを中心に、数十ものギリシア型都市が建設された。

この時代のパレスティナ地方の言語状況を示す文書がエジプトで発見されている（ゼノン・パピルス）。前三世紀、エジプト宮廷のゼノンがパレスティナ地方を訪問した。その際、ペレア地方（トランスヨルダン）を統治していたトビアスなる人物がゼノンに贈り物をしたが、その送り状はギリシア語で書かれていた。もちろん、エジプト帝国がギリシア語文明に属する以上、その高官に対してギリシア語を用いるのは当然である。だが、前五世紀のエジプトの都市（エレファンティネ）とエルサレムの大祭司がアラム語で書簡をやり取りしていたことを思い起こせば、時代の変化を感じずにはいられない。

旧約続編の『エステル記（ギリシア語）』によれば、この時代のエルサレムにはギリシア語への翻訳者がいたという（エス・ギ一〇14）。

ユダヤ人が使ったギリシア語

当時のユダヤ人が用いたギリシア語とはどのようなものであっただろうか。ギリシア語の歴史を大まかに分類すると、前八～前五世紀はアルカイック・ギリシア語の時代、前五～前三世紀は古典ギリシア語の時代、前三～六世紀はコイネー・ギリシア語の時代となる。したがって、前三世紀のユダヤ人も一世紀のユダヤ人もコイネー・ギリシア語を使っていたことになる。

コイネー・ギリシア語は、マケドニア帝国で話されていたアッティカ方言ギリシア語に由来する。ギリシア語文明の影響を受けた地域では、アッティカ方言ギリシア語が公用語として用いられるようになった。そのアッティカ方言が、次第に他の方言（特にイオニア方言ギリシア語）や他の言語の影響を受け、地域的変異を起こし始めた。そこで、異なる地域に住む人々がギリシア語で会話するときは、互いに理解できる最小限の共通部分（ギリシア語で「コイネー」と言う）を用いるようになったのである。

したがって、厳密には、コイネー・ギリシア語を母語とする人々は存在しなかったように思われる。人々はそれぞれ自分のギリシア語を使っており、他の地域の人々と話すときは必要に応じて共通部分だけを用いた。そして、その共通部分が書き言葉の「かたち」を獲得したものが、私たちが現在コイネー・ギリシア語と呼んでいるものである。

多くの言語が重なり合う地域

一世紀の歴史家ヨセフスによれば、トビアスの子ヨセフはエジプト帝国の信頼を得て、シリア・パレスティナ地方の徴税権を一手に握った（『ユダヤ古代誌』一二160—236）。

だが前二世紀の初め、シリア帝国がエジプト帝国との戦争に勝利し、パレスティナ地方はシリア帝国の統治下に入る。この出来事と前後して、ヨセフの息子たちもエジプト派とシリア派に分裂し、最終的にシリア派が勝利した。エルサレムはシリア派によってギリシア型都市へと作り変えられていくが、その動きが頂点に達しようとした時に、マカバイ戦争が勃発した。

マカバイ戦争によってシリア帝国を退け、ユダヤ国が独立を果たしたことは、エルサレムをはじめ、ギリシア化された都市を再ユダヤ化することにつながった。このことは、ユダの荒野に残されていた数々の文書（死海文書）からも確認できる。F・M・クロスの研究によれば、死海文書は前一三〇年頃を境にヘブライ語の文書の数が増え、アラム語の文書では綴り字や文法のミスが目立つようになるという。つまり、少なくともユダの荒野の周辺では、アラム語よりもヘブライ語に重きが置かれるようになったのである。

前二世紀半ばには、ガリラヤ地方とアルバタ地方に住んでいたユダヤ人が、シメオンとユダに率いられてユダヤ地方に帰還したが（一マカ五23）、彼らはアラム語またはギリシア語の話者であっただろう。前二世紀末には、ユダヤ国のアリストブロス一世がガリラヤ地方とイトゥレア地方の一部を征服し、住民に割礼を施したが、これによってアラム語、ギリシア語、そしてアラブ系言語を話すユダヤ人が増加した。また、前二世紀後半には、ヨハネ・ヒルカノス一世がイドゥメア地方を征服した。

こうしてユダヤ国が支配地を広げた結果、さまざまな言語を使うユダヤ人の混ざり合いが加速した。ギリシア語やアラム語の支配的な地域にユダヤ文化が植え付けられ、また逆にギリシア語やアラム語を母語とする人々がエルサレム周辺に移住したりもしただろう。

一世紀のパレスティナ地方ではさまざまな言語が重なり合うように使われていた。死海文書の中には、ヘブライ語、アラム語、ギリシア語、ナバテア語、ラテン語、アラビア語の文書が含まれている。この中で抜群に数が多く、私たちが注目すべきなのは、ヘブライ語、アラム語、ギリシア語である。

四　イエスの言語と新約聖書の言語をめぐる研究史

ヘブライ語＝シリア・カルデア語説

古代から現代に至るまで、パレスティナ地方は多言語地域であり、そこに住む人々は大なり小なり複数の言語を使えるのが普通である。にもかかわらず、なぜ「イエスはアラム語を話した」のように、あたかも単一言語の話者であるかのような見方が広まったのだろうか。

「イエスはアラム語を話した」という見方が生まれたのは、さほど古い時代ではない。それは西方教会がシリア正教会と邂逅したことに端を発する。

一五五五年、カトリックの人文学者であり、教皇クレメンス七世とパウロ三世の秘書を務めたJ・A・ヴィトマンシュタットが、シリア語の新約聖書を初めてヨーロッパに紹介した。著書の題名は次の通りである。『我らの主、神イエス・キリストの福音の聖なる書……シリアの文字と言語による。イエス・キリストの日常語、聖なる御口によって聖別され、福音書記者ヨハネに「ヘブライ語」と呼ばれたもの』。つまり、『ヨハネによる福音書』や『ヨハネの黙示録』に出てくる *hebraïsti*「ヘブライ語で（……と呼ばれる）」（ヨハ五2、一九13、一九17、二〇16、黙九11、一六16）とは、ヘブライ語というよりシリア語のことであり、これがイエスの日常語であった、というのである。一五九六年に公刊されたG・アミラのシリア語文法書や、一六五五年に公刊されたB・ウォルトンの『ポリグロット聖書』でも彼の見方が受け継がれている。

このことはまた、「ヘブライ語（Hebrew）」はバビロン捕囚前のヘブライ人の言語であるのに対し、「シリア・カルデア語（Syro-Chaldic）」はバビロン捕囚後のユダヤ人の言語である、という見方を生んだ。たとえば、ヴィトマンシュタットと同じ頃、J・カルヴァンは聖書註解に「福音書記者がヘブライ語と書いているのは、カルデア語またはシリア語である」と書いた（ヨハ一42、一九13、一九17、マコ七34）。一七世紀のR・サイモンも、『マタイによる福音書』がもともとヘブライ語で書かれたというパピアスの伝承を念頭に置き、この場合の「ヘブライ語」も「カルデア語すなわちシリア語である」と記している。

こうして一八世紀末までには「ヘブライ語＝シリア・カルデア語」という見方が定着し、現代の一部の神学者もなお引用を続けている。

「イエスはアラム語を話した」という説は、西方教会が古東方教会を「発見」したことから始まったのである。

ヘブライ語＝死語説とアラム語唯一説

一八世紀末になると、ヘブライ語＝シリア・カルデア語説はかたちを変える。一七九八年、H・F・ファンクッヘは、ヘブライ語はバビロン捕囚を経て死語になり、ユダヤ人の「国語」はアラム語（シリア・カルデア語）になったと主張した。

ここで新しく登場したのは、後に一九世紀の言語学者W・フォン・フンボルトが体系化する「言語と民族精神」との結び付き、すなわち「国語」の概念である。ファンクッヘによれば、ヘブライ人が国を失った時、彼らの「国語」であったヘブライ語も失われた。そして彼らがユダヤ人として新たなスタートを切った時、アラム語がユダヤ人の「国語」となり、民族精神を支えるものとなった。事実、ヘブライ語聖書より後の時代の著作は、その時代の「国語」であるアラム語で書かれているではないか、というわけである。

だが実際には、ユダヤ人の著作にはミシュナのようにヘブライ語で書かれたものもある。この点について、一九世紀のA・ガイガーはミシュナ・ヘブライ語の人工言語説を唱えた。すなわち、アラム語を話す学者が、自分たちの考えを聖書ヘブライ語で表現しようとしたが、自分たちのアラム語が邪魔をしてしまい、結果的に聖書ヘブライ語とアラム語とが混ざったようなミシュナ・ヘブライ語になった、というのである。

こうして、ヘブライ語＝死語説とアラム語唯一説は「国語」の概念によって結び付き、一九世紀を通じて確立されることになった。その立役者となった代表的な研究者は、G・ダルマン、A・マイヤー、Th・ツァーンである。

一九世紀になるとアッシリア学が発展し、もはやアラム語＝シリア・カルデア語という単純な見方を保持することはできなくなった。そこでダルマンは、タルグム・オンケロスに書かれたパレスティナ方言ユダヤ人アラム語と、それより後のパレスティナ方言キリスト教徒アラム語、およびシリア語とを区別した。そして、「イエスが話した」というアラム語はシリア語ではなく、カルデア語でもなく、パレスティナ方言ユダヤ人アラム語であったと主張したのである。ダルマンの主張はマイヤーとツァーンの支持を得て発展し、その集大成が一八九八年、ダルマンの『イエスの言葉』として刊行された。

「イエスはアラム語を話した」という説は、民族主義的な近代国家論・国語論を背景に、より強固なものとなった。

ヘブライ語＝生きた言語説

ところが、一九四七年に死海文書が発見されて以降、ヘブライ語研究の様相は大きく変わった。死海文書とは、クムランをはじめ、エリコ近辺、ワディ・ムラバアト、ナハル・ヘヴェル、マサダなどで発見された文書の総称である。その多くはヘブライ語で書かれたもので、次いでギリシア語とアラム語、ごく少数ながらラテン語やナバテア語で書かれたもの、また後代に書かれたアラビア語の文書断片もある。クムランでは多数の宗教文書が発見されているが、その他の地域では土地の借用書や売買契約書、結婚証書や離婚証書、書記の学習テクスト、および第二次ユダヤ反乱の首謀者であるバル・コシバ（コホバ）の書簡などが発見されている。

ヘブライ語で書かれたものは、大きく分けて聖書ヘブライ語で書かれたもの（本論ではクムラン・ヘブライ語も含める）と、ミシュナ・ヘブライ語に近い書き言葉で書かれたもの（本論では便宜上、前ミシュナ・ヘブライ語と呼ぶ）があった。つまり、二世紀にミシュナが編纂される前から、ミシュナ・ヘブライ語の前段階となる書き言葉が存在しており、一世紀には聖書ヘブライ語と並行して用いられていたことが判明したのである。

聖書ヘブライ語とミシュナ・ヘブライ語の間には大きな文法差が見られるため、前者から後者が直接派生したものとは考えにくい。死海文書の発見に先立つこと二〇年前、M・H・セガルはミシュナ・ヘブライ語＝人工言語説に反対し、ミシュナ・ヘブライ語には話し言葉の要素が見られること、おそらく第二神殿時代のユダヤ人の日常語であったヘブライ語が書き言葉になったものであることを主張していた。死海文書の一部、ワディ・ムラバアトの文書を研究したJ・T・ミリクは、セガルを支持し、前ミシュナ・ヘブライ語（彼自身は単に「ミシュナ・ヘブライ語」と呼んでいる）が一世紀のパレスティナ地方における話し言葉の一つであったと確信するに至った。

今日では、一世紀のパレスティナ地方において、ヘブライ語＝生きた言語であったことは広く受け入れられるようになった。E・シューラーは次のように述べている。

ミシュナー・ヘブライ語の文法と語彙に関する徹底した研究によって、それが自然かつ有機的な発展を遂げた言語であったことがいまや明らかにされている。これは、ミシュナー・ヘブライ語にはユダヤ人の口語的表現が含まれているという説明によって容易に理解される。書き言葉には見られない話し言葉の特徴が確認されるのである。……ミシュナー・ヘブライ語がアラム語（ないしはギリシア語）に続く第二言語として使用されていたことは間違いない。（『イエス・キリスト時代のユダヤ民族誌』Ⅲ、小河陽ほか訳、教文館、二〇一四年、三四頁）

ただし、H・エシェルのように、一世紀におけるヘブライ語の使用は書き言葉に限定され、話し言葉ではなかったと主張する研究者もいることは付記しておきたい。今日の研究者の論点は、もはや「一世紀にヘブライ語が使われていたかどうか」ではなく、「一世紀にヘブライ語がどのように使われていたか」なのである。

また、アラム語唯一説への反動からか、ヘブライ語唯一説、つまり「ユダヤ人の言語はアラム語に取って代わられたことはなく、常にヘブライ語であった」と主張する人々も存在する。そうした人々に対し、S・シュヴァルツやJ・C・ポワリエは「言語学的シオニズム」に陥ることのないように、と注意を促している。

聖書のギリシア語の位置づけをめぐって

「イエスはアラム語を話した」という説の影に隠れてはいるが、「イエスはギリシア語を話した」という説も根強い支持を集めている。そもそも、もしイエスがアラム語を話したのなら、なぜ新約聖書はギリシア語で書かれたのだろうか。

一七六七年、D・ディオダティは「イエスはギリシア語を話した」と主張した。その著書の題名は次の通りである。『ヘレニズム時代の言語がギリシア語であったように、ギリシア語を話したキリストについて。主キリストと使徒たちが、すべてのユダヤ人と共に用いた母語および日常語』。つまり、新約聖書がギリシア語で書かれたのは、イエスがギリシア語を話していたからだ、というのである。

「イエスはアラム語を話した」という説が確立されつつあった当時、ディオダティの説は強い批判を浴びた。だが、なお一定の支持を得て、一九世紀末にはH・クレーマーが

「新約聖書はイエスの話した聖霊ギリシア語（Holy Ghost Greek）で書かれている」と主張するまでになった。

　だが、一九世紀末までに発見されたギリシア語パピルスや碑文を研究した人々の多くは、新約聖書のギリシア語は「聖霊ギリシア語」でも、あるいは古典ギリシア語でもなく、コイネー・ギリシア語であると論証した。代表的な研究者は、G・A・ダイスマン、A・サム、J・H・ムルトンである。彼らは、コイネー・ギリシア語が「書かれた話し言葉」に由来すると主張し、新約聖書のギリシア語は、売買契約書に用いられたギリシア語によく似ていると論じた。

　だが、先述した通り、コイネー・ギリシア語というのは各地域で変異した元アッティカ方言の共通部分のことである。パレスティナ地方で使われていたギリシア語も、共通部分（コイネー）を有しながらも、パレスティナ地方に特有のギリシア語であったのではないか。そのように主張する二〇世紀の代表的な研究者は、H・S・ゲーマンとN・ターナーである。彼らは七十人訳ギリシア語聖書とヘブライ語聖書の共通点と相違点に着目し、シナゴーグや宗教サークルでは「ユダヤ人ギリシア語（Jewish Greek）」が使われていたと主張する。そして、これがパレスティナ地方で使われていた「話し言葉としてのギリシア語」であったという。さらにターナーは、ユダヤ人ギリシア語の中でも、七十人訳聖書に書かれたギリシア語を「聖書ギリシア語」と呼んで区別する。

だが、近年のG・ウォルサーの研究によれば、七十人訳聖書は統一的なギリシア語で書かれているのではなく、ジャンルや状況に応じて、さまざまなギリシア語の変異が用いられている。七十人訳聖書の中でも、「ユダヤ人ギリシア語」と言えるのはモーセ五書だけであり、他の書はより口語的・非文語的なコイネー・ギリシア語であるという。

いずれにせよ、ダイスマンらが提唱した「コイネー・ギリシア語＝書かれた話し言葉」という見方は、現在でも支持されている。そうであるならば、死海文書はもちろん、碑文、硬貨、骨棺など多くの遺物にコイネー・ギリシア語が記されているパレスティナでは、アラム語よりもギリシア語の方が、話し言葉として優勢だったということになる。そもそも、実在するギリシア語資料に基づくダイスマン説に比べ、ダルマン説はそれを支持する同時代のアラム語資料に乏しく、仮説に頼る部分が大きいと言わざるをえない。

研究史のまとめ

　ここまで述べてきたことをまとめると、一世紀のパレスティナ地方におけるユダヤ人の主要言語には、ギリシア語、アラム語、ヘブライ語があり、特にギリシア語が優勢であった可能性が高い。ヘブライ語については、前ミシュナ・ヘブライ語が話し言葉・書き言葉の両面で用いられていた可能性がある。ただし、ヘブライ語がどの程度日常的に用いられていたかは、現代の研究者の間でも大きな意見の相違が見られる。同じことはアラム語にも言える。一世紀のパレスティナ地方において、アラム語がどのように用いられていたかは不明な点が少なくない。

　そこで、私たちは最初の問いに戻ることになる。一世紀のパレスティナ地方の人々は、何語をどのように使ったと考えられるだろうか。

五　一世紀のパレスティナ地方の言語状況

言語の地理的分布

私たちが「ユダヤ」と口にするときは、漠然とパレスティナ地方のことを思い浮かべているかもしれない。しかし一世紀の文脈では、ユダヤ地方はエルサレムを中心とし、死海に面する一帯を指していた。また、地中海沿岸には多くのギリシア型都市が建設されていた（付録Bを参照）。

ユダヤ地方の南には、「エドムの地」を意味するイドマヤ地方がある。それに対し、ユダヤ地方の北には、セバスティア（サマリア）を中心とするサマリア地方があり、そこを越えるとセッフォリスを中心とするガリラヤ地方に入る。さらに、その北にはフェニキア地方があった。

したがって、ユダヤ人はしばしばサマリア地方を避け、ヨルダン川を渡ったペレア地方

（トランスヨルダン）からガリラヤ地方を目指した。また、ペレア地方から内陸へ向かうと、ギリシア語で「十の都市」を意味するデカポリス地方があり、その名の通り多くのギリシア型都市が建設されていた。ペレア地方はまた、ペトラを中心とするナバテア王国と南の境を接していた。

H・T・オングに従い、それぞれの地方における言語状況を整理したものが表1（四四頁）である。一見して、ギリシア語が全域で優勢であることが分かる。ギリシア語よりもアラム語が優勢であるのはユダヤ地方南部、イドマヤ地方、ナバテア王国付近などパレスティナ地方の南部に限られており、ユダヤ地方北部、サマリア地方、ガリラヤ地方ではギリシア語にその地位を譲っている。

この状況は、先述したシリア・パレスティナ地方の言語史と適合している。ギリシア語文明がこの地に到来する前は、おそらく全域でアラム語が優勢であった。しかし、ギリシア語文明がエジプトやシリア方面からやって来て、それまでアラム語が優勢だった一帯に覆いかぶさると、この地はギリシア語を上層言語、アラム語を下層（基層）言語とするものへと変貌したのである。

だが、内陸のナバテア王国付近では、アラム語が優勢である状況に変わりはなかった。商業国家であったナバテア王国を訪れる商人たちの主要な共通語は、アラム語または古アラビア語であった。

興味深いのは、ガリラヤ地方とユダヤ地方（エルサレム周辺）おいて、優勢でないとは言えヘブライ語が使われていたということである。なお、福音書によれば、ペトロがガリラヤの出身であることは彼の言葉遣いで分かったという（マタ二六73）。ペトロがギリシア語、アラム語、ヘブライ語のいずれを話していたにせよ、ガリラヤ地方とユダヤ地方はサマリア地方によって分断されていることから、この二つの地方の間には方言差があったことが伺える。

言語ごとの識字率

一世紀のユダヤ地方における識字率についても簡単に触れておきたい。識字率、すなわち読み書きの能力については、単純に「できる、できない」ではなく、「読めるが書けな

表1　一世紀のシリア・パレスティナ地方の言語分布
（cf. H. T. Ong, *The Multilingual Jesus and the Sociolinguistic World of the New Testament*, Brill, 2015, p. 191）

地域		主要言語	状況に応じて
フェニキア地方	沿岸部	ギリシア語	ラテン語
デカポリス地方	—	ギリシア語	アラム語
ペレア地方	デカポリス付近	ギリシア語	アラム語
	ユダヤ付近	ギリシア語、アラム語	—
	ナバテア付近	アラム語	ギリシア語
ガリラヤ地方	上ガリラヤ	ギリシア語	アラム語、ヘブライ語
	下ガリラヤ	ギリシア語、アラム語	ヘブライ語
サマリア地方	沿岸部	ギリシア語、ラテン語	アラム語
	内陸部	ギリシア語	ラテン語、アラム語
ユダヤ地方	北部（エルサレム周辺）	ギリシア語、アラム語	ヘブライ語
	南部	アラム語、ギリシア語、古アラビア語	—
イドマヤ地方	北部	アラム語、古アラビア語、ギリシア語	—
	南部	アラム語、古アラビア語	—
ナバテア王国	—	ナバテア・アラビア語	ナバテア語（アラム語）

い」という場合もあるし、「少しは書けるがすらすらとは書けない」という場合もあるなど幅が大きい。それを測る尺度は研究者によってまちまちだが、ここでは近年のM・O・ワイズの研究を見ておこう。ワイズは死海文書の中でも契約文書に着目し、契約者本人のサインと証人のサインの「字の熟達度」を調べた。そのデータを筆者が再編したのが表2（四七頁）である。サインを書いた者のうち、字がたどたどしいものはレベル1、書けてはいるが手つきが不慣れなものはレベル2、慣れた手付きで書かれているものはレベル3、教育を受けた職業書記が書いているものはレベル4である。

ヘブライ語の場合、職業書記を除き、何らかのかたちで字を書ける（レベル1〜3の）者は八、書けない者は八と半々である。同じように、アラム語を書ける者九一、書けない者一三。ギリシア語を書ける者五八、書けない者七。アラム語で字を書ける者が圧倒的に多いことが分かる。また、ギリシア語で契約者本人がサインをしている事例が一しかないのに対し、ヘブライ語では契約者本人によるサインの割合が比較的高い。

全体としては、職業書記を除き、何らかのかたちで字を書ける（レベル1〜3の）男性の総数は一九〇であり、そのうちレベル3（字を書くことに慣れている者）の男性が九〇であるから、その割合は四七・四パーセントに及ぶ。文字の読み書きができる男性であれば、約半数がすらすらと読み書きができたことになる。

また、職業書記を除き、契約者本人である男性五三のうち、自分でサインした者は三四であるから、その割合は六四・二パーセントである。契約文書の大半は土地の貸借や売買に関するものであり、相応の財産が必要であることから、彼らは富裕層に属すると考えて良いだろう。今、ユダヤ地方の男性全体のうち、四分の一を富裕層と仮定し、その六四・二パーセントが何らかのかたちで読み書きができ、さらにその四七・四パーセントがすらすらと読み書きができる男性であったとするなら、男性全体の七・七パーセントが読み書きに不自由しない者であったという計算になる。ここから、五〜一〇パーセントの男性はいずれかの言語の書物を不自由なく読めたと考えて良いだろう。

表2　一世紀のユダヤ地方における識字率
(cf. M. O. Wise, Language and Literacy in Roman Judaea: A Study of the Bar Kokhba Documents. Ph.D Dissertation (University of Minnesota), 2012, pp. 483 – 497)

		ヘブライ語	アラム語	ギリシア語	ナバテア語	合計
書けない	本人	8 (男6女2)	13 (男8女5)	7 (男5女2)	1 (男0女1)	29 (男19女10)
	証人	-	-	-	-	-
	割合	3.2%	5.2%	2.8%	0.4%	11.6%
レベル1	本人	2	4	0	0	6
	証人	3	16	15	3	37
	割合	2.0%	8.0%	6.0%	1.2%	17.2%
レベル2	本人	2	12	0	1	15
	証人	9	23	7	3	42
	割合	4.4%	14.1%	2.8%	1.6%	22.8%
レベル3	本人	4	8	1	0	13
	証人	12	28	35 (男34女1?)	3	78
	割合	6.4%	14.5%	14.4%	1.2%	36.4%
レベル4	本人	0	5	1	0	6
	証人	12	9	3	0	24
	割合	4.8%	5.6%	1.6%	0.0%	12.0%
合計	本人	16	42	9	2	69
	証人	36	76	60	9	181
	割合	20.8%	47.2%	27.6%	4.4%	100.0%

六　一世紀のパレスティナ地方の言語生活

多言語状況をどのように分析するのか

一世紀のパレスティナ地方は、多くの言語が重なり合う多言語地域であった。では、それぞれの多言語社会をどのように分析すれば良いだろうか。

多言語を話す個人を分析する場合、その人の生活圏を把握する必要がある。たとえば、家族と話すとき、友人と話すとき、役人と話すとき、商売をするとき、宗教的な儀礼や儀式を行うとき、教育を受けるときなど、多言語社会に住む人は自分と相手との関係性の中で、しばしば言語を切り替える。そのすべてがその人の日常に関わる「日常語」であるが、家族や友人など親しい人々との私的な日常と、私的な範囲を越えて多くの人々と関わる公的な日常とを区別する場合もある。その人が多言語話者になったのは、両親が異なる言語の話者であったり、隣人の言語を習得したり、商売に必要な言語を必要な分だけ覚えたりなど、さまざまな理由があるだろう。

多言語社会を分析する場合も同様のことを念頭に置く必要がある。人々が家族と話すとき、友人と話すとき、役人と話すとき、商売をするとき、宗教的な儀礼や儀式を行うとき、教育を受けるときの言語は、社会的な慣習によって決められている場合がある。とりわけ、私的な範囲を越えて多くの人々と関わる公的な日常の場では、しばしば共通語というものが生まれる。共通語には、その地域で優勢な言語が選ばれる場合もあれば、まったく外部の言語が選ばれる場合もあり、あるいは、複数の言語が混ざり合って必要最小限の新たな言語が生まれることもある。パレスティナ地方におけるコイネー・ギリシア語は、各地域で使われていた多様なギリシア語の共通部分が、パレスティナ地方でも優勢となったものという点で、これらすべてのパターンを示している。

言語共同体を象徴する「標準語」

多言語社会を分析するときはもう一つ、言語の「重なり具合」に着目することも大切である。表1（四四頁）で示したように、一世紀のシリア・パレスティナ地方では、ギリシア語を上層言語、アラム語を下層言語とする地域が多かった。裏を返せば、多くの人々と関わる公的な日常ではギリシア語を使い、私的な日常では必要に応じてアラム語を使っていた、ということでもある。このことから、シリア・パレスティナ地方ではギリシア語を第二言語として習得する人々が多かった、と予想することも可能である。上層言語は、しばしば後から習得されるものであり、すべての人が上層言語を操れるわけではない。

往々にして、上層言語は下層言語よりも「かたちの整った言葉」と見なされる。たとえば、帝国アラム語は非常に「かたちの整った言葉」であり、公文書にふさわしい品格と優雅さを兼ね備えていた。それに対し、人々が私的な日常で話していた言葉は、長らく書き記されることがなかった。

そもそも言葉を書き記すには、書き言葉というある程度「かたちの整った言葉」が発達する必要がある。だからこそ、古代においては「読み書きができる」ことと「上層言語を操ることができる」ことが、しばしば重なり合っていた。

しかし、前二～二世紀にかけて帝国アラム語が廃れ、書記が自分たちのアラム語（中期アラム語）を書き始めた。上層言語である帝国アラム語の「かたち」を参考にしながら、各地域の下層言語が書き言葉としての「かたち」を獲得したのである。すると、帝国アラム語を押しのけて、それがその地域における新たな上層言語の地位を獲得する。そして、新たな上層言語となった中期アラム語は、人々に学習されるにつれて、その地域の「標準語」をかたち作っていく。

ここまでの議論で、「標準語」の二つの側面が浮かび上がる。一つは、「標準語」はしばしば「かたちの整った言葉」として、上層言語として機能するということ。もう一つは、「標準語」は書き言葉として用いられやすい、ということである。

そもそも「標準的な言語」や「純粋な言語」というものは存在せず、それを話している者もいない。にもかかわらず、人々はしばしば「かたちの整った言葉」を求め、それを自在に操れるということに社会的なステータスを与える。もっと言えば、「標準語」とは、それが象徴するところの言語共同体をかたち作る。人々は「標準語」に、自分が属する言語共同体の「あるべき姿」を見出そうとするのである。

「標準語」の書き言葉としての側面を見たとき、最も「かたちの整ったもの」は古典的な文体であり、古典的な文体を操れるということが、品格や優雅さ、あるいは教養の高さを示すものとなる。わけても文学活動、宗教活動、教育活動の場では、古典的な文体（古典語）への忠誠心が、その言語共同体への帰属意識を強めるものになる。

一世紀の古典語としての聖書ヘブライ語

聖書ヘブライ語は、「ユダの言葉」と「イスラエルの言葉」をもとに、文学活動や宮廷の記録のために発展した書き言葉である。それがいつ頃かたちをなしたか、詳しいことは分かっていない。だが、仮にヘブライ語聖書の編纂が始まった時期を前六世紀のバビロン捕囚の時代だとするなら、一世紀のパレスティナ地方とは五〇〇年の開きがある。

二〇一九年の日本から見て五〇〇年前と言えば戦国時代であり、まだ織田信長も生まれていない。日本語が分かる現代人であっても、専門教育を受けた者でなければ戦国時代の文書をすらすら読むことはできない。

同様に、一世紀のパレスティナ地方のユダヤ人がヘブライ語を使っていたと言っても、聖書ヘブライ語をすらすら読み書きできたわけではないだろう。彼らは当時の「現代語」である前ミシュナ・ヘブライ語を使っており、「古典語」である聖書ヘブライ語を読み書きするには専門教育が必要だった。

古典語を学習するには言語知識の体系化が必要である。たとえば、古典語と現代語とでは、同じ語でも意味の異なるものが多い。ギリシア語の場合、前一世紀にはベリウス・フラックスが古典ギリシア語の辞書を作成している。つまり、前一世紀のギリシア人は、数百年前のギリシア語を解説してもらう必要があったのである。

聖書ヘブライ語は、遅くとも前三世紀までには古典語と見なされるようになっていた。その証拠に、七十人訳ギリシア語聖書がヘブライ語聖書を翻訳する際、いくつかの語を聖書ヘブライ語での意味ではなく、ミシュナ・ヘブライ語での意味に解釈している。つまり、この時代までに聖書ヘブライ語の知識は廃れ始めていたのである。そもそも、ミシュナ・ヘブライ語がギリシア語に大きく影響を受けていると考える研究者もいるが、詳細は別稿に譲ることにしたい。

前二～前一世紀に書かれたダマスコ文書の中で、ベリアルがイスラエルに犯させようとする「姦淫」「富貴」「聖なるものを穢す」の三つの罪が示される（四16―18）。このうち三つ目に関して、「冒涜的な言葉で自分の聖なる霊を壊し、神の契約の像を罵る」と批判される者たちが描かれる（五11―12）。Ch・ラビンはこの「冒涜的な言葉」を口語ヘブライ語（前ミシュナ・ヘブライ語）のことだと解釈する。つまり、聖なる古典語で伝えられた教えを、俗世間の口語ヘブライ語で教える者は、清いものと不浄なものとを区別せず、聖所を穢す者だと批判されている、というのである。

もしラビンの解釈が正しければ、ダマスカス文書を収集・保存していたクムラン宗団も同じような考えを抱いていただろう。クムラン宗団が使っていたクムラン・ヘブライ語は、諸説あるものの、彼らが後期聖書ヘブライ語を真似て書こうとした側面があることについては、研究者の間でおおむね同意されている。彼らは父祖伝来の教えを正しく解釈するために、口語ヘブライ語ではなく聖書ヘブライ語を使おうとした。それゆえ、ファリサイ派が口語ヘブライ語で教育を行うことを、クムラン宗団は強く批判していたとラビンは言う。

一世紀の口語アラム語と過渡的な文語アラム語

一世紀のパレスティナ地方におけるアラム語の位置づけは、タルグム（アラム語訳聖書）がいつから使われ始めたかという問題に集約される。一九世紀までの研究者は、ユダヤ人がタルグムを必要としたのは、アラム語しか分からないユダヤ人が増えたからだと単純に想定してきた。だが、二〇世紀に発見されたさまざまな写本の研究により、タルグムの成立年代は早くとも二世紀以後に引き下げられる結果となった。

二世紀後半に編纂されたミシュナによれば、シナゴーグではタルグムの朗読が義務付けられている（『メギッラー』四5―6）。しかし、その習慣が一世紀に存在したのかどうか、研究者の間でも意見が分かれている。クムラン宗団が用いていた『ヨブ記のタルグム』は、礼拝で使用することのない私的な読み物であり、外国のユダヤ人のために書かれたものと考える研究者もいる。

それゆえ、先述したラビンは、タルグムはもともと「ヘブライ語聖書を正しく理解するための手引き」として書かれたものであり、ヘブライ語をまったく理解できない人々を対象にしたものではなかったと主張する。つまり、礼拝におけるヘブライ語聖書の朗読の後に、口語ヘブライ語（前ミシュナ・ヘブライ語）で教えを説くと、聴衆が朗読と説教とを混同する恐れがあった。そのため、口語ヘブライ語と口語アラム語の双方に似ており、しかし、聖書ヘブライ語とは明確に区別されるような過渡的な文語アラム語（後の中期アラム語）が必要とされたのである。

一世紀のパレスティナ地方におけるアラム語が、宗教的・教育的用途にもとづく過渡的な文語アラム語と、日常的に用いられる口語アラム語とに分かれていたのであれば、この時代のアラム語による文学活動が極めて限定されていることの説明もつく。すなわち、結婚証書や離婚証書、売買契約書といった日常的な用途には、口語体のアラム語が用いられていた。だが、文学活動に近い領域で用いられていた過渡的な文語アラム語には、ヘブライ語のテクストを解釈するという補助的な役割しか与えられていなかったのである。

バビロニア・タルムードの中に、あるラビがバビロンから帰還し、エルサレムで妻を娶ったが、彼の話す言葉（バビロニア方言アラム語）が妻に誤解しか与えなかったというエピソードがある（『ネダリム篇』66b）。エルサレムで口語ヘブライ語が書き言葉として用いられていたのは確かだが、おそらくこの妻がそうであったように、人々の母語にもなっていた。アラム語（パレスティナ方言）も話し言葉・書き言葉の両面で用いられていたが、それは共通語としての側面が大きかったようである。

一方、ガリラヤ地方ではガリラヤ方言アラム語を母語とする人々が多く、口語ヘブライ語は主に宗教サークルで使われた上層言語であった。サマリア地方によって分断されたガリラヤ地方とユダヤ地方は、「同じヘブライ語」を用いることで「一つのイスラエル」としての連帯感を強めていたであろう。そして、これらの地方における最上層言語、イスラエル共同体を象徴する古典語として、聖書ヘブライ語が位置づけられていた。

一世紀の古典語としてのギリシア語

古典的な文体を操れるということが、品格や優雅さ、教養の高さを示すものになるのは、ギリシア語も同じであった。パレスティナ地方に限らず、ギリシア語文明の影響を受けた地域の人々は、コイネー・ギリシア語よりも古典ギリシア語で書くこと、すなわち、アッティカ方言を模倣した擬古文で書くことを、自分の教養の証とした。ユダヤ人のフィロンやヨセフスの著作も、そうした擬古文で書かれている。一世紀のエルサレムは、ユダヤ人がギリシア語を学習する語学留学の場であったと考える研究者もいる。

ところが、ユダヤ人によるギリシア語の文学活動においては、別のかたちの擬古文が生まれた。「聖書ヘブライ語を模倣したギリシア語」である。

もともとは、ヘブライ語やアラム語で書かれた文書を、ギリシア語に翻訳することから始まったのだろう。その翻訳の質は文書によってばらばらだった。たとえば、七十人訳ギリシア語聖書については先述した通り、モーセ五書は「ユダヤ人ギリシア語」と呼べそうな直訳調であるが、他の書はより口語的・非文語的なコイネー・ギリシア語が用いられている。

だがG・ムッシーによれば、多かれ少なかれヘブライ語ないしアラム語を引きずった「翻訳ギリシア語」は、文体の一つとして受容・模倣されるようになり、いわゆる外典文書を書くときに用いられるような様式言語へと成長した。この「外典文書によく見られるギリシア語」を、本論では便宜上「ユダヤ人翻訳ギリシア語」と呼ぶ。

表3(六一頁)は、前三~三世紀頃のユダヤ人が書いたギリシア語の文書について、ヘブライ語・アラム語の影響が著しいものと、影響が見られないものとに分類したものである。前者については、ヘブライ語・アラム語文書から翻訳されたものと、ユダヤ人翻訳ギリシア語で書かれたと思われるものとに分けた。また後者については、アッティカ方言の模倣(ギリシア語の擬古文)で書かれたものと、アッティカ方言の模倣ではないもの(普通の書き言葉、コイネー・ギリシア語)とに分けた。

表3が示すように、ユダヤ人がギリシア語で書いた文書のすべてがユダヤ人翻訳ギリシア語であるわけではない。ユダヤ人の中にも品格と優雅さを兼ね備えた擬古文(アッティカ方言)で書く者もいれば、普通の書き言葉(コイネー・ギリシア語)で書く者もいた。また、新約聖書のすべてが統一的な様式言語で書かれているわけではない。福音書はユダヤ人翻訳ギリシア語の要素が強く、この点で外典文書と同じ様式に属している。それに対し、パウロ書簡や公同書簡などは翻訳的な調子がなく、普通の書き言葉(コイネー・ギリシア語)で書かれている。

ユダヤ人翻訳ギリシア語は、ヘブライ語・アラム語文書をギリシア語に翻訳したときの調子が、文体の一つとして受容・模倣されたことから始まった。たとえば、コイネー・ギリシア語では名詞類の与格が衰退し、その機能を属格が担うようになる。ところが、ユダヤ人翻訳ギリシア語では所有を表す与格が頻出する。これは、ヘブライ語における与格標識の *l-* が、所有を表すときに用いられることを反映している。

さらに、ユダヤ人翻訳ギリシア語で書かれた文書は、かなりの程度、聖書ヘブライ語を模倣しようとしたように見受けられる。たとえば、ユダヤ人翻訳ギリシア語の要素が強い福音書では *kai egéneto*「そしてそれが起こった」による場面転換が頻出するが、これは聖書ヘブライ語のワウ継続 *wayhi*「そしてそれが起こった」による場面転換の用法に由来する。ミシュナ・ヘブライ語ではそもそもワウ継続が消失している。

このようなユダヤ人翻訳ギリシア語は、数学者クレオメデスに「稚拙な文体」と批評されるほど、非ユダヤ人には評判の悪いものだったようである。

表3　前三〜後三世紀頃のユダヤ人が書いたギリシア語の文書

ヘブライ語・アラム語に著しく影響されたもの	ヘブライ語・アラム語文書からの翻訳（翻訳とされるものも含む）	七十人訳ギリシア語聖書（特にモーセ五書）、シラ書、マタイによる福音書、エノク書。
	ユダヤ人翻訳ギリシア語で書かれたと思われるもの	知恵の書、ソロモンの詩篇、バルク書、エレミヤの手紙、スザンナ、ベルと竜、エズラ記（ギリシア語）、ユディト記、トビト記、マカバイ記一。十二族長の遺訓、ヨブの遺訓、バルクの黙示録、アブラハムの遺訓、イザヤの殉教、ヨセフとアセナテ、モーセの黙示録、イザヤの昇天（ギリシア語断片のみ）。エノク書（スラブ語）、エズラ記（ラテン語）。マルコによる福音書、ルカによる福音書、ヨハネによる福音書、使徒行伝、ヨハネの黙示録。
ヘブライ語・アラム語に影響されていないもの	アッティカ方言の模倣で書かれたもの	マカバイ記三、マカバイ記四、フィロンの著作、ヨセフスの著作。詩人長老フィロンの詩文、テオドトスの詩文、偽フォキリデスの詩文、シビュラの託宣、劇作家エゼキエルの詩文。
	アッティカ方言の模倣が見られないもの	偽ヘカタイウス断片、アリストブロス断片、フィロクラテスへのアリステアスの手紙（偽アリステアス）、マカバイ記二。パウロ書簡、ヘブライ人への手紙、ヤコブの手紙、ペトロの手紙（一〜二）、ヨハネの手紙（一〜三）、ユダの手紙。使徒教父らの手紙、バルナバの手紙。

新約聖書はなぜギリシア語で書かれたか

新約聖書がギリシア語で書かれたことについては、「反エルサレム教会の流れ」であるとか、「ギリシア語の読み書きのできる者が権威を持つ構造を生み出した」と説明する研究者も少なくない。だが、ギリシア語の読み書きはともかく、話すことのできる人はエルサレムに相当数存在したことを踏まえれば、あまり状況に即していない説明だと思われる。むしろ、新約聖書の書ごとに個別の事情を考えるべきであろう。はじめからギリシア語の話者に宛てた書簡類は当然ギリシア語で書かれているが、それらはいわゆる普通の書き言葉（コイネー・ギリシア語）である。一方、福音書はどれもユダヤ人翻訳ギリシア語の要素が強く、外典文書と同じ様式言語を用いている。そもそも外典とは、正典が閉じた後に、自分を正典の一部だと主張するような文書の総称である。福音書記者がイエス・キリストの物語を外典と同じ様式言語で書いたのであれば、ヘブライ語聖書（旧約聖書）の続編としてそれが読まれるべきであることを意図している、と言えよう。

福音書に見られるヘブライ語・アラム語の影響については、『マルコによる福音書』のように強い「セム語化（Semitism）」が見られるものと、『ルカによる福音書』のように端正なギリシア語であるにも関わらず、あえて七十人訳ギリシア語聖書に近づけた「七十人訳化（Septuagintism）」を区別する研究者もいる。だが、これらは程度の問題であり、どちらも聖書ヘブライ語の模倣を意図したユダヤ人翻訳ギリシア語であることに変わりはない。『マルコによる福音書』はしばしば素朴なギリシア語とされるが、むしろ意識的に聖書ヘブライ語を模倣しようとしたものであり、この点で外典文書と軌を一にしている。同様に、『ルカによる福音書』は教養の高い語彙を用いてはいるが、文体はかなりの程度、ユダヤ人翻訳ギリシア語である。また、この二つの福音書の語彙解釈はしばしば七十人訳聖書に近いが（それは前ミシュナ・ヘブライ語に近いということでもある）、『ヨハネによる福音書』の語彙解釈はしばしば聖書ヘブライ語に近く、クムラン宗団に似ている。これらの福音書と、外典文書（特に、いわゆる黙示文学）との言語的・文学的関係は、今後一層の研究が求められる。

以上のことを踏まえたとき、「新約聖書はなぜアラム語で書かれなかったか」の答えも朧気ながら見えてくるかもしれない。一世紀のパレスティナ地方におけるアラム語は、文学活動の領域においては、ヘブライ語のテクストを解釈するという補助的な役割しか与えられなかった。アラム語によってヘブライ語、とりわけ聖書ヘブライ語を模倣し、文学的創造を育もうとする潮流が、ユダヤ人共同体の中に形成されていなかったのである。アラム語が文学活動に用いられるようになるには三世紀を待たなければならない。

七　おわりに

移りゆく言語

ここまで述べてきたように、イエスの時代のパレスティナ地方では、ギリシア語が全域で優勢であり、下層言語であるアラム語を覆っていた。さらに、エルサレム周辺とガリラヤ地方では口語ヘブライ語（前ミシュナ・ヘブライ語）が用いられていた。エルサレム周辺で口語ヘブライ語が書き言葉として用いられていたのは確かであり、おそらく人々の母語にもなっていた。一方、ガリラヤ地方ではガリラヤ方言アラム語を母語とする人々が多く、口語へブライ語は主に宗教サークルで使われた上層言語であった。

人々は、イスラエル共同体を象徴する古典語として、聖書へブライ語に忠誠を誓っていた。また、それを模倣することのできるギリシア語(ユダヤ人翻訳ギリシア語)を用いて文学活動を行ってもいた。文学活動という領域では、アラム語はへブライ語のテクストを解釈するという補助的な役割しか与えられていなかった。

だが、六六~七三年に生じたユダヤ戦争(第一次ユダヤ戦争)によって、ユダヤ人のシンボルであったエルサレム神殿が破壊された。さらに、一三二~一三五年にバル・コホバの乱(第二次ユダヤ戦争)が生じ、それが鎮圧されると、ユダヤ人はエルサレムから完全に追放された。度重なるユダヤ人の反乱に激怒したローマ皇帝ハドリアヌスは、かつてユダヤ人に敵対したというペリシテ人の名をとって、ユダヤ属州を「パレスティナ属州」へと改名した。

エルサレムに住めなくなったユダヤ人は、周囲のアラム語都市やギリシア語都市へ移住した。その結果、日常語としてのへブライ語は、それぞれの都市の日常語へと取って代わられていった。

ユダヤ人の学術センターも、まず地中海沿岸のギリシア語都市ヤムニアへ移り、その後、ギリシア語とアラム語が優勢なガリラヤ地方へと移った。口語ヘブライ語を母語とする人々が減少する中で、ユダヤ人は口語ヘブライ語の学習とそれによる教育を続けた。その結果、口語ヘブライ語はミシュナ・ヘブライ語として標準化され、学術言語としての地位を獲得したのである。だが、三世紀になると、話し言葉さえアラム語で記録されるラビたちが登場する。この頃になると帝国アラム語は完全に消滅し、中期アラム語への移行が完了した。

日常語としてのヘブライ語は、ちょうどイエスの時代を境に、ユダヤ動乱の中で消え始めてゆく。新約聖書の大部分は、日常語としてのヘブライ語が消えゆく時代に書かれるのである。

付　録

A　新約聖書に見られる借用語

表４　もとの語形が引用されているもの、または「～語で」と注釈があるもの

「～語で」	もとの語形	本文に書かれた意味	出現箇所	説明
彼らの言葉で	アケルダマ	血の地所	使 1:19	アラム語的。
—	アッバ	父よ	マコ 14:36，ロマ 8:15，ガラ 4:6	アラム語的。
ヘブライ語で	アバドン	（ギリシア語の名はアポリオン）	黙 9:11	ヘブライ語的。
—	インマヌエル	神は我々と共におられる	マタ 1:23	ヘブライ語的。
—	エッファタ	開け	マコ 7:34	ヘブライ語・アラム語的。
—	エリ、エリ、レマ、サバクタニ	わが神、わが神、なぜわたしをお見捨てになったのですか	マタ 27:46	ヘブライ語・アラム語的。
—	エロイ、エロイ、レマ、サバクタニ	わが神、わが神、なぜわたしをお見捨てになったのですか	マコ 15:34	アラム語・ヘブライ語的。
ヘブライ語で	ガバタ	敷石	ヨハ 19:13	ラテン語 gabata「大皿」？
ヘブライ語で	ゴルゴタ	されこうべの場所	ヨハ 19:17，マタ 27:33，マコ 15:22，ルカ 23:33	ヘブライ語・アラム語的。
—	コルバン	神への供え物	マコ 7:11	ヘブライ語的。
—	シロアム	遣わされた者	ヨハ 9:7,11，ルカ 13:4	ヘブライ語的。
—	タリタ・クム	少女よ、……起きなさい	マコ 5:41	アラム語・ヘブライ語的（正しくは「クミ」）。
ヘブライ語で	ハルマゲドン	—	黙 16:16	ヘブライ語的「メギドの町」「しるしの丘」？

「～語で」	もとの語形	本文に書かれた意味	出現箇所	説明
ヘブライ語で	ベトザタ	—	ヨハ 5:2	不明。
—	ボアネルゲス	雷の子ら	マコ 3:17	ヘブライ語 bne rɛḡɛš「雷の子ら」とギリシア語 boân「叫ぶ」の混淆？
—	ラビ	先生	ヨハ 1:38, マタ 23:7–8	ヘブライ語的。
ヘブライ語で	ラボニ	先生	ヨハ 20:16, マコ 10:51	ヘブライ語およびパレスティナ方言アラム語 rabboni。バビロニア方言アラム語は ribboni。

表５　その他の借用語

もとの語形	新共同訳	出現箇所	説明
アーメン	はっきり	マタ 5:11 他	ヘブライ語的。
ウアイ	不幸だ	マタ 11:21 他	ヘブライ語的。
キュミノン	茴香	マタ 23:23	ヘブライ語・アラム語的。
ゲエンナ	地獄	マタ 10:28 他	ヘブライ語的「ヒノムの谷」。ゲヘナ。
コロス	コロス	ルカ 16:6–7	ヘブライ語・アラム語的。単位名。
サタナス	サタン	マタ 12:26 他	アラム語的。
サッバトン	安息日	マタ 12:1 他	ヘブライ語的。
サッバトン	週	一コリ 16:2	バビロニア語 šapattu?
サトン	サトン	マタ 13:33, ルカ 13:21	アラム語的。ヘブライ語は sʔɔ。単位名。
シケラ	強い酒	ルカ 1:15	アラム語・ヘブライ語的。実際は「麦の酒」。

もとの語形	新共同訳	出現箇所	説明
ジザニオン	毒麦	マタ 13:25	不明。
シュケ	いちじくの木	ルカ 13:6	不明。
パスカ	過越祭	マタ 26:2 他	アラム語・ヘブライ語的。よくアラム語と言われるが実際は曖昧。
バトス	バトス	ルカ 16:6–7	ヘブライ語・アラム語的。単位名。
ベルゼブル	ベルゼブル	マタ 10:15, 12:24, 27, マコ 3:22, ルカ 11:15, 18	ヘブライ語的「貴い主」。
ホサンナ	ホサナ	マタ 21:9,15, マコ 11:9–10, ヨハ 12:13	アラム語・ヘブライ語的「救ってください」。
マモナス	富	マタ 6:24, ルカ 16:9, 11, 13	アラム語的。
マラナ・タ	主よ、来てください	一コリ 16:22	アラム語的。
ミュロン	香油	マタ 26:7 他	ヘブライ語・アラム語的。
モロス	愚か者	マタ 5:22	ヘブライ語的。
ラカ	ばか	マタ 5:22	アラム語的？
リバノス	乳香	マタ 2:11, 黙 18:13	ヘブライ語・アラム語的。

B　一世紀のパレスティナの地図

参考文献

前一千年期のシリア・パレスティナ地方の言語史

Cross, F. M. (1955) "The Oldest Manuscripts from Qumran." *Journal of Biblical Literature*, 74 (3). 147–172.

Kutshcer, E. Y. (1982) *A History of the Hebrew Language*. Leiden: Brill.

Rendsburg, G. A. (2003) "A Comprehensive Guide to Israelian Hebrew: Grammar and Lexicon." *Orient*, 38. 5–35.

ラビン、Ch (2012)『ヘブライ語小史』毛利稔勝訳、三秀舎。

イエスの言語と新約聖書の言語をめぐる研究史

Buth, R. & Notley, R. S. (eds.) (2014) *The Language Environment of First Century Judaea*. (Jerusalem Studies in the Synoptic Gospels, Vol. 2.) Leiden: Brill.

Poirier, J. C. (2007) "The Language Situation in Jewish Palestine in Late Antiquity." *Journal of Greco-Roman Christianity and Judaism*, 4. 55–134.

Porter, S. E. (ed.) (1991) *The Language of the New Testament: Classical Essays*. Sheffield: Sheffield Academic Press.

ヘブライ語＝シリア・カルデア語説

Amira, G. M. & Caetani, H. (1596) *Grammatica Syriaca, sive Chaldaica, Georgij Michaelis Amiræ Edeniensis è Libano, Philosophi, ac Theologi, Collegij Maronitarum Alumni, in septem libros diuisa*. Rome: Typographia Linguarum externarum.

Simon, R. (1689) *Histoire critique du texte du Nouveau Testament, où l'on établit la Vérité des actes sur lesquels la Religion Chrêtienne est fondée*. Rotterdam: R. Leers.

Walton, B. (ed.) (1654–1658) *Biblia Sacra Polyglotta*. (6 vols.) London: Th. Roycroft.

Widmannstetter, J. A. (1555) *Liber Sacrosancti Evangelii de Jesu Christo Domino & Deo Nostro: Reliqua hoc Codice comprehensa pagina proxima indicabit. Div. Ferdinandi Rom. Imperatoris designati iussu & liberalitate, characteribus & lingua Syra, Iesu Christo vernacula, Diuino ipsius ore cõnsecrata et a Ioh. Euãgelista Hebraica dicta, Scriptorio Prelo diligẽter Expressa.*

Viennæ: M. Zymmerman.

ヘブライ語＝死語説とアラム語唯一説

Dalman, G. (1894) *Grammatik des jüdisch-palästinischen Aramäisch, nach den Idiomen des palästinischen Talmud und Midrasch, des Onkelostargum (cod. Sorini 84) und der jerusalemischen Targume zum Pentateuch*. Leipzig: J. C. Hinrichs Verlag.

Dalman, G. (1898) *Die worte Jesu, mit berücksichtigung des nachkanonischen jüdischen schrifttums und der aramäischen Sprache*. Leipzig: J. C. Hinrichs'sche Buchhandlung.

Geiger, A. (1845) *Lehr- und Lesebuch zur Sprache der Mischnah*. (2 vols.) Breslau: Leuckart.

Humboldt, W. von (1836) *Über die Verschiedenheit des menschlichen Sprachbaues und ihren Einfluß auf die geistige Entwickelung des Menschengeschlechts*. Bonn: Dümmler.

Meyer, A. (1896) *Jesu Muttersprache: Das galiläische Aramäisch in seiner Bedeutung für die Erklärung der Reden Jesu*. Leipzig: Mohr.

Pfannkuche, H. F. (1798) "Über die palästinische Landessprache in dem Zeitalter Christi und der

Apostel." In Eichhorn, J. G. (ed.) *Allgemeine Bibliothek der biblischen Literatur*. Bd. 8, 3 Stück. Leipzig: Weidmannsche Buchhandlung. 365–480.

Zahn, Th. (1896) *Einleitung in das Neue Testament*. Bd. 1. Leipzig: G. Böhme.

ヘブライ語＝生きた言語説

Bar-Asher, M. (2009) *Studies in Mishnaic Hebrew* (in Hebrew). Jerusalem: Bialik Institute.

Benoit, P., Milik, J. T. & De Vaux, R. (1997) *Discoveries in the Judaean Desert. Vol. II: Les Grottes de Murabba'at (Text only)*. Oxford: Clarendon Press.

Black, M. (1967) *An Aramaic Approach to the Gospels and Acts*. Third Edition. Oxford.

Eshel, H. (2002) "Hebrew in Economic Documents from the Judean Desert" (in Hebrew). *Leshonenu*, 63. 41–52.

Fitzmyer, A. ([1970] 1991) "The Languages of Palestine in the First Century AD." In Porter, S. E. (ed.) *The Language of the New Testament: Classical Essays*. Sheffield: Sheffield Academic Press. 126–162.

Joosten, J. et al. (eds.) (2018) *The Reconfiguration of Hebrew in the Hellenistic Period*. Leiden: Brill.

Mor, U. (2015) *Judean Hebrew: The Language of the Hebrew Documents from Judea between the First and the Second Revolts* (in Hebrew). Jerusalem: The Academy of the Hebrew Language.

Schwartz, S. (1995) “Language, Power, and Identity in Ancient Palestine.” *Past & Present*, 148. 3–47.

Segal, M. H. (1927) *A Grammar of Mishmaic Hebrew*. Oxford: Clarendon Press.

シューラー、E（2014）『イエス・キリスト時代のユダヤ民族誌』III、小河陽ほか訳、教文館。

聖書のギリシア語の位置づけをめぐって

Cremer, H. (1895) *Biblico-Theological Lexicon of the New Testament Greek*. Edinburgh: T&T Clark.

Deissmann, A. ([1899] 1991) “Hellenistic Greek with Special Consideration of the Greek Bible.” In Porter, S. E. (ed.) *The Language of the New Testament: Classical Essays*. Sheffield: Sheffield

Academic Press. 39–59.

Diodati, D. (1767) *De Christo Graece Loquente exercitatio, qua ostenditur, Graecam siveHellenisticam linguam: cum Judaeis omnibus tum ipsi adeo Christo Domino et Apostolis nativam et vernaculam fuisse*. Naples: Raymundus.

Gehman, H. ([1951] 1991) "The Hebraic Character of Septuagint Greek." In Porter, S. E. (ed.) *The Language of the New Testament: Classical Essays*. Sheffield: Sheffield Academic Press. 163–173.

Moulton, J. H. ([1909] 1991) "New Testament Greek in the light of Modern Discovery." In Porter, S. E. (ed.) *The Language of the New Testament: Classical Essays*. Sheffield: Sheffield Academic Press. 60–97.

Thumb, A. (1901) *Die griechische Sprache im Zeitalter des Hellenismus: Beiträge zur Geschichte und Beurteilung der Κοινή*. Strassburg: K. J. Trübner.

Turner, N. ([1965] 1991) "The Language of Jesus and His Disciples." In Porter, S. E. (ed.) *The Language of the New Testament: Classical Essays*. Sheffield: Sheffield Academic Press. 170–190.

Voelz, J. W. (1984) "The Language of the New Testament." In W. Haase (ed.) *Aufstieg und Niedergang der römischen Welt*. 2 Principat, Bd. 25, 2 Teilbd. Berlin: de Gruyter. 893–977.

Walser, G. (2001) *The Greek of the Ancient Synagogue: An Investigation on the Greek of the Septuagint, Pseudepigrapha and the New Testament*. Stockholm: Almqvist & Wiksell.

一世紀のパレスティナ地方の言語状況

Ong, H. T. (2015) *The Multilingual Jesus and the Sociolinguistic World of the New Testament*. Leiden: Brill.

Wise, M. O. (2012) Language and Literacy in Roman Judaea: A Study of the Bar Kokhba Documents. Ph.D Dissertation (University of Minnesota).

一世紀のパレスティナ地方の言語生活

加藤隆（1999）『新約聖書はなぜギリシア語で書かれたか』大修館書店。

サフライ、S（1995）『キリスト教成立の背景としてのユダヤ教世界』サンパウロ。

田川建三（1997）『書物としての新約聖書』勁草書房（特に「新約聖書の言語」一九九―三五〇頁）。

土岐健治・村岡崇光（2016）『イエスは何語を話したか？――新約時代の言語状況と聖書翻訳についての考察』教文館、（一九七九年版改定）。

ビヴィン、D＆ブリザード、R（1999）『イエスはヘブライ語を話したか』河合一充訳、ミルトス。

ムッシー、G（1992）「パレスティナとディアスポラにおけるギリシア語」サフライ、S＆シュテルン、M（編）『総説・ユダヤ人の歴史』下（第22章）土戸清訳、新地書房、二四一―二六五頁。

ラビン、Ch（1992）「一世紀におけるヘブライ語とアラム語」サフライ、S＆シュテルン、M（編）『総説・ユダヤ人の歴史』下（第21章）関根正雄訳、新地書房、二〇七―二四〇頁。

中世ユダヤ教世界におけるイエス

——聖書解釈と民間伝承——

志田雅宏

二世紀半ば、キリスト教神学者ユスティノスは、あるユダヤ人との対話においてこう述べている。「それら〔の言葉〕は、あなた方の書物に入っている。あるいはより正しくは、あなた方のものではなく、われわれのものだ。なぜなら、われわれはそれらを信じているが、あなた方はたとえそれらを読んでも、それらのなかにある霊をつかむことはないからである」（『ユダヤ人トリュフォンとの対話』二九章、一二三頁）。この「あなた方の」、そして「われわれの」書物とは、ヘブライ語聖書（旧約聖書）のことである。ユダヤ教とキリスト教はこの教典を共有するが、ユスティノスは聖書がキリスト教徒のものであると主張する。なぜなら、「われわれ」こそがその正しい意味（「霊」）を理解できるのであり、「あなた方」にはできないからである。

ユダヤ教とキリスト教は、初めからふたつの異なる宗教としての明確な輪郭を持っていたのではない。ゆえに、教父たちはユダヤ教への対抗的な関係を強調することで、キリスト教を「正しい」宗教として、「誤った」ユダヤ教から切り離そうとした。そして、宗教の「正誤」の区別は、聖書の言葉についての理解の「正誤」にかかっていた。それゆえ、ユスティノスはユダヤ人を、聖書の言葉の意味を理解できない民族として描いたのである。

『ユダヤ人トリュフォンの対話』は、キリスト教における反ユダヤ的文学の嚆矢として知られる。後にその文学は「アドウェルスス・ユダエオス」*Adversus Iudaeos*（ユダヤ人への対抗）と呼ばれるようになる。ただし、注意を要するのは、ユスティノスが当時のユダヤ人社会を攻撃するつもりではなかったことである。対話の相手である「ユダヤ人トリュフォン」は実在のユダヤ人ではなく、彼の創作上の人物である。また、この作品は実際の宗教間の論争の記録ではない。この虚構としての対話のなかで、ユスティノスは聖書の真理にたどりつけない者というイメージをユダヤ人に投影したが、彼には明確な目的があった。それは、「われわれ」（キリスト教徒）と「あなた方」（ユダヤ人）を対置し、「正しい」者と「誤った」者のあいだに境界線を引くことで、キリスト教の正統性を強調することであった。つまり、ユスティノスはキリスト教の正しさを示すための対抗者として、ユダヤ教の存在を否定するどころか、むしろ必要としたのである。

『ユダヤ人トリュフォンとの対話』には、いくつかの印象的なユダヤ人イメージが登場する。ひとつは、ユダヤ人が聖書の真理に到達できないのは、彼らが目隠しをされているからだ、というものである。もうひとつは、ユダヤ人がその自分たちの欠点に気づいていて、キリスト教徒に嫉妬し、彼らを呪って迫害する、というものである。そして、初期キリスト教の反ユダヤ的言説におけるこれらのユダヤ人イメージは、中世のキリスト教社会に広がっていく。しかも文学作品のみならず、視覚的な図像や中傷的なデマによって、書物に触れることのない民衆のあいだにも浸透していったのである。

その代表的な事例が「エクレシアとシナゴーガ」という一対の女性像である。エクレシアとは教会のことであり、キリスト教世界を象徴する。一方、シナゴーガはユダヤ教の礼拝施設シナゴーグのことであり、ユダヤ教世界を象徴する。エクレシアは若く、力にあふれた女性で、頭に王冠をかぶり、十字架の杖を持って凛々しく前を向いている。それに対し、シナゴーガは年老いた弱い女性で、彼女が手にする杖は折れ、目隠しをされてうなだれている。この対照的な女性像はキリスト教の大聖堂の入口などに置かれ、ふたつの世界の対照的な姿がキリスト教徒の民衆にもわかりやすい仕方で視覚化された。こうしてユダヤ民族は、目を覆われているために聖書の真理を理解することができず、新しいキリスト教世界に圧倒されて力を失った人々として描かれ、その印象がキリスト教社会に根付いていったのである。

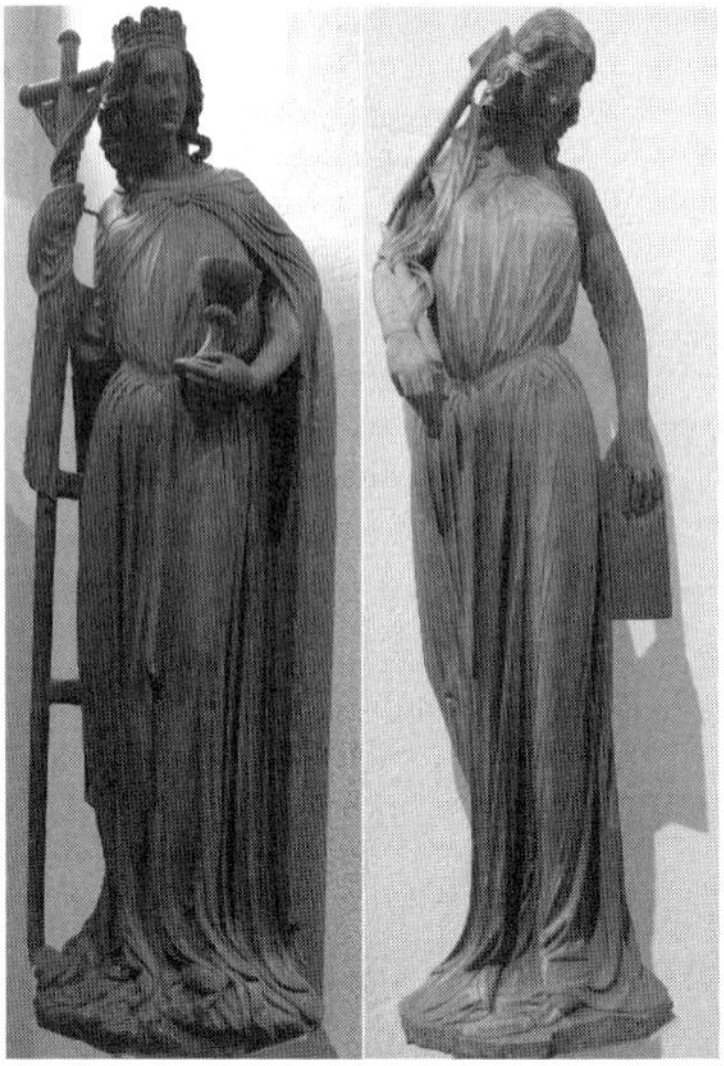

ストラスブール大聖堂にあったエクレシア（左）とシナゴーガ（右）の像。ノートルダム美術館蔵。

また、ユダヤ人がキリスト教徒を呪っているというイメージも中世に引き継がれる。その典型が「血の中傷」である。血の中傷とは、ユダヤ教の過ぎ越しの祭りのときに、ユダヤ人がキリスト教徒の子供を誘拐し、儀式において殺害しているという中傷である。そのような儀式殺人を中世のユダヤ人が実際におこなっていた証拠はない。血の中傷はむしろ、中世キリスト教社会に蔓延するデマであり、その要因のひとつとして、「ユダヤ人はキリスト教徒を呪っている」という古いユダヤ人イメージの影響が考えられる。

ややや本題からずれるが、こうしたキリスト教文学の反ユダヤ的言説は、中世キリスト教社会においてしばしば深刻な社会不安を引き起こしただけでなく、日本を含む現代のユダヤ人イメージにも影響を及ぼしているかもしれない。日本の高等教育では、ユダヤ人とキリスト教徒を敵対的な関係でしかとらえず、ユダヤ人を「頑迷な律法主義者」や「迫害され続けた貧しい民族」として描く傾向があり、国内のユダヤ研究者のあいだではその偏ったユダヤ人像を問題視する声もある。ひょっとすると、そこには無意識のうちに「アドウェルスス・ユダエオス」のユダヤ人イメージが入り込んでいるのかもしれない。また、ユダヤ人にかぎらず、ヘイトスピーチという仕方で、現在の日本社会でも特定の宗教や民族が否定的にステレオタイプ化される問題もある。これらの教育的、社会的問題に取り組むときに、キリスト教世界の反ユダヤ主義の歴史から私たちが学ぶことは多いのではないだろうか。

話を戻そう。ユスティノス以降の「アドウェルスス・ユダエオス」の伝統についてもう少し触れておきたい。初期キリスト教時代のキリスト教徒とユダヤ人の関係に詳しいＰ・フレドリクセンは、そのレトリックとしての機能に注目する。曰く、「あるキリスト教徒を『ユダヤ人』と呼ぶことは、考えられうる最も深遠かつ決定的な仕方において、その者を『キリスト教徒でない者』、はっきり言えば『反キリスト教徒』と呼ぶことであった。四世紀以降のあらゆる形式のキリスト教文学において、この『レトリックとしてのユダヤ人』は、正統的なアイデンティティを構成するひとつの要素として、顕著に現れるようになった」(P. Fredriksen, "Jewish Romans, Christian Romans, and the Post-Roman West," in *Conflict and Religious Conversation in Latin Christendom*, eds. by I. J. Yuval & R. Ben-Sshalom, (Brepols, 2014), p. 29)。ユスティノスにおいては、ユダヤ教とキリスト教の差異化が試みられたが、その後四世紀以降においては、キリスト教の正統教義の確立のために反ユダヤ的言説が使われたということである。そこでは、「ユダヤ人」はもはや「ユダヤ教を信仰する者、ユダヤ教徒」を意味しない。むしろ、徐々に形成されていくキリスト教の正統から外れ、異端とされたキリスト教徒たちが「キリスト教徒でない者」という意味で「ユダヤ人」と呼ばれたのである。したがって、レトリックとしての「ユダヤ」がはたす役割とは、ユダヤ教を排除することではなく、キリスト教の異端を排除することであり、キリスト教内部の「正しい」教えと「誤った」教えのあいだに明確な境界線を引くことをその目的としたのである。

『ユダヤ人トリュフォンとの対話』も含めて、「アドウェルスス・ユダエオス」の言説には特徴的なメカニズムがある。それは、自己と対置する他者の存在を想定し、描写することを通じて、自己のアイデンティティを明確化することである。その他者が「ユダヤ人」と呼ばれたが、そのなかには「聖書の言葉を理解できない(虚構的な)ユダヤ人」から「キリスト教の異端者」まで、さまざまなイメージが投げ込まれた。だが、こうしたメカニズムははたしてキリスト教文学だけのものなのだろうか。むしろ、当の「ユダヤ」の方にも同様のものがあるのではないか。つまり、ユダヤ教文学においても「レトリックとしてのキリスト教徒」と呼べるような機能があるのではないか。そこで、本稿では中世ユダヤ教世界における、ある人物をめぐる言説に注目したい。その人物とは、イエス・キリストである。ただし、キリスト教世界で語られるイエスではなく、ユダヤ教世界のイエスである。イエスについての議論や描写は、言うまでもなく聖書の言葉や物語にもとづいている。では、ユダヤ人たちの語るイエスはどのような特徴を持つのか、それはどのような聖書の読みによるイエス描写なのか。そして最も重要な問いとして、ユダヤ人は自分たちのイエス描写を、誰に向かって、何のために語ったのか。

これらの問題について、以下ではふたつのセクションにて議論していく。

（一）聖書解釈　ユダヤ人はどのように、キリスト教徒「と」聖書を読んだのか。
（二）民間伝承　ユダヤ人はどのように、キリスト教徒「の」聖書を読んだのか。

まず（一）について、ここでの「聖書」とは主に、ユダヤ教とキリスト教が共有する聖書、つまりヘブライ語聖書（旧約聖書）をさす。ヘブライ語聖書は、ユダヤ人にとっては安息日や浄不浄の規定などが書かれた律法の書物であり、キリスト教徒にとってはイエス・キリストの到来が預言された旧い契約の書物である。この聖書の言葉の意味をめぐって、ユダヤ人とキリスト教徒は論争を繰り広げてきた。そして、中世ユダヤ教ではそうした論争を主題とする作品が登場するようになった。そこで、本論の前半では、イエス・キリストをめぐるキリスト教の聖書解釈を、ユダヤ人の論争家たちがどのように批判したのかというテーマを扱う。つまり、中世ユダヤ教の聖書解釈におけるイエスである。

ただし、聖書解釈とは聖書の言葉ひとつひとつについての探究と吟味にもとづく知的議論であり、聖書は常にそうした緻密な考察という仕方で読まれたわけではない。むしろ、より自由で想像力にあふれた読みによって、独創的な物語や教訓的な説話が生まれてくることもきわめて多かったのである。そこで本論の後半では、キリスト教世界のイエス物語を大胆に読みかえ、ユダヤ版のイエス物語を創り出した中世ユダヤ教の民間伝承を紹介する。そこでの「聖書」とはヘブライ語聖書ではなく、(二) のキリスト教徒「の」聖書、すなわち新約聖書である。つまり本論の後半のテーマは、新約聖書を題材としたユダヤ教世界の民間伝承におけるイエスである。

本稿は中世ユダヤ教のテクストを実際に引用し、読者に紹介することを主眼とするものである。原典はいずれもヘブライ語であり、文献の出典については文末に記す。いずれもまだ邦訳はないが、英訳があるものについては文末に併記する。日本ではまだなじみの薄いユダヤ教文学について、本稿がその導入のひとつとなることを願っている。

聖書解釈

ユダヤ教文学において、キリスト教徒との論争のなかでユダヤ教を守り、キリスト教を批判する目的で書かれた作品群を「論争文学」と呼ぶ。論争文学にはさまざまな形態があり、聖書の註解や、体系的な章立てによる論駁書、説教、個人的な書簡などがある。論争文学の最も一般的な方法は、聖書の言葉をめぐってキリスト教の解釈を批判し、それとは異なるユダヤ教の解釈が正しいことを説得的に示すというものである。そのさい、『ユダヤ人トリュフォンとの対話』がそうであったように、ユダヤ教の論争文学でもユダヤ人とキリスト教徒の対話という形式が好まれる。たんに争点を列挙するよりも、論争相手を立てて、議論を重ねて相手を打ち負かす手法が効果的であるという認識は、いずれの宗教の論争家においても共有されていたのであろう。

新約聖書にはイエスやパウロによるユダヤ教徒たちとの論争の様子が記されており、キリスト教の聖人伝やユダヤ教の教典タルムードにも論争の形跡がみられるが、ユダヤ教文学において論争文学が本格的に登場するのは一二世紀頃である。そして、その黎明期の代表作がヨセフ・キムヒの『契約の書』である。『契約の書』は南フランスで書かれた作品だが、著者のキムヒは弟子のとある要求に応えるべく本作を書いたのだという。その要求とは、ヘブライ語聖書の言葉にイエスの生涯やキリスト教の教義についての予示を見出そうとするキリスト教徒たちの主張を、聖書解釈の専門家であるキムヒに批判してほしいというものである。この『契約の書』のなかで、キムヒが論争の形式でユダヤ教の聖書解釈の原則を説明している場面を紹介しよう。

異端者（キリスト教徒）は言った：あなた方は律法の大半を字義的に、書かれている通りに、外来語で言えば「フィリトラ」に理解する。私たちはそれを「フィギュラ」と呼ばれる寓意的方法で理解する。これにより、あなた方はあなた方の聖書全体において間違える。なぜなら、あなた方は骨をかじる者に似ており、私たちはその中にある脳〔に似ている〕からである。あなた方は籾殻を食べる動物のごとくであり、私たちは小麦〔の実を食べるの〕である。

信仰者（ユダヤ人）は言った：ほむべき聖なるお方がモーセに律法を与え、彼がイスラエルにそれを教えたとき、彼はそれを寓意的に理解したであろうか、あるいは寓意的に理解しなかったであろうか。あなたがもし、彼はそれを寓意的にではなく、字義的に理解したと言うなら、そのように彼はイスラエルに教示したのだ。このことについて、イスラエルに罪があるだろうか。イスラエルに教示するために、創造主がモーセに寓意的な仕方を教えなかった、などということがどうしてありえようか。（……）だが、真理において知るがいい。律法はその全体が字義的なのでもなければ、その全体が寓意的なのでもない。その字義的な仕方で解釈するのがふさわしくないことについては、私たちはそれを寓意的に解釈すべきなのだ。（ヨセフ・キムヒ『契約の書』三七―三八頁）

対話のなかで、キリスト教徒は――ユスティノスを想起させるかのように――、ユダヤ人は旧約聖書の言葉を文字どおりの意味（フィリトラ）、字義的な解釈でしか理解しないのに対し、われわれキリスト教徒はそれを寓意的（フィギュラ）に理解すると主張する。字義的解釈に固執するのは骨をかじったり、籾殻を食べたりするようなもので、肝心の中身にはたどりつけないのである。それに対し、ユダヤ人はモーセが神から律法を受け取ったとき、彼がその教えをどう理解したのかに立ち戻るべきだと反論する。そして、聖書の字義的な解釈を排除するキリスト教の考え方はモーセの立場に反するとして、適切な解釈原則を説明する。その原則とは、聖書はまずもって字義的に解釈されるべきであり、それでは意味が取れない箇所についてのみ寓意的解釈を適用する、というものである。キムヒは寓意的解釈の有効性を否定しないが、聖書はまず文字どおりに解釈されなければならないことを強調する。そして、このキムヒの聖書解釈の原則は、彼の著作の直接的影響の有無にかかわらず、中世ユダヤ教世界におけるキリスト教批判の標準的な手法として定着していくのである。

次に、具体的な聖書解釈の場面を見てみよう。ユダヤ人とキリスト教徒のあいだで論争となる聖書の章句の多くは、キリスト教においてイエス・キリストの到来の預言として解釈される箇所である。その代表的な一節が、「王笏はユダから離れず、統治の杖は足の間から離れない。ついにシロが来て、諸国の民は彼に従う」（創四九10）である。この一節はヤコブが息子のユダに与えた祝福である。将来イスラエルの民の王国が成立するとき、その王権はユダ族の子孫に委ねられるとヤコブは約束する。そして、シロという人物が現れて、彼がすべての民族を統治するというのである。この創世記の一節について、キリスト教徒とユダヤ人が意見を戦わせる。

ある棄教者（キリスト教徒）は主張する：「ついにシロが来て」עד כי יבא שילה は、各文字の先頭によって「イエス」ישו を暗示している。（……）異端者（キリスト教徒）たちは言う：〔この聖句の意味は〕ついに使徒すなわちイエスがやってきて、それからユダの王国が停止するであろう〔、ということだ〕。そして、そのようになった。イエスがやってきたとき、ユダの王国が停止したのだ。（……）これがその回答である：彼ら自身の言葉によって彼らは嘘をついている。なぜなら、イエス〔の到来〕までに、ユダの王国は停止していたのではないか。第一神殿時代のヒゼキヤ以来、ユダに王はいなかったのではないか。なぜなら、第二神殿時代、イスラエルに王はおらず、メディア、ペルシャ、ローマの王たちの下にいる総督がいたにすぎないからである。ユダの王ヒゼキヤからイエスの誕生まで長い年月がたっている。ならば、「イエスの到来まで〔王笏は〕ユダの王国を離れない」などと、どうして言えようか。さらに、「シロ」と「イエス」の名前に何の関係があろうか。(『勝利の書(古)』二〇―二一頁)

キリスト教徒は、ヤコブの祝福に出てくる「シロ」という人物が救世主(メシア)であり、彼はイエス・キリストに他ならないと解釈する。「ついにシロが来る」とは、救世主が到来するとき、それまで存続していたユダの王国が停止することを意味する。つまりこの一節は、メシアの到来とユダヤ人の王国の終わりの時期が重なることを予示するものである。だとすれば、イエスの時代にローマ軍によってユダヤ人の王国が滅ぼされたことは、まさにこのヤコブの預言の成就であり、「シロ」とはイエス・キリストのことだというわけである。

　ユダヤ人はその解釈を批判する。なぜなら、ローマ軍が滅ぼしたユダヤ人の王国はハスモン家とヘロデ家の王朝であり、その王はユダ族の出身ではないからである。ユダ族が王権を持つユダ王国は、すでに前六世紀に新バビロニア帝国によって滅ぼされていた。つまり、この創世記の一節はイエス時代の出来事ではなく、バビロン捕囚を予示したものであって、シロがイエスであるはずがないのである。出典の『勝利の書（古）』はドイツ・ライン地方の作品であり、南フランスで書かれたキムヒの『契約の書』との直接的な影響関係はない。しかし、『勝利の書（古）』においても、キリスト教的な聖書解釈への対抗として、聖書の言葉の字義こそが正しいという姿勢が表明されている。ここでの「字義」とは具体的には歴史的な解釈のことであり、ヤコブの祝福が文字どおりに成就したのはいつの時代かと考えるなら、それはイエスの時代ではないのである。

　他の例も見てみよう。旧約聖書にイエス・キリストについての預言を見出す解釈は、イザヤ書の「見よ、おとめが身ごもって、男の子を産み、その名をインマヌエルと呼ぶ」（イザヤ七14）という一節にもみられる。その解釈はすでにマタイによる福音書（一23）において示されており、きわめて有名な一節であることがうかがえる。キリスト教の考えでは、このイザヤの預言は処女懐胎を予示したものである。すなわち、「おとめ」とは聖母マリアのことで、彼女が産む「インマヌエル（「神とともに」の意）」という名の「男の子」はイエス・キリストであると解釈される。この解釈をめぐる論争を見てみよう。

ニコラウ（リラのニコラウス。キリスト教神学者）とすべてのキリスト教徒たちは問うた：なぜユダヤ人たちは、マリアがイエスを身ごもり、なおも彼女は処女であったと信じないのか。見よ、聖書は「おとめが身ごもって、男の子を産み」と言っている。この「おとめ」（アルマー）とは「処女」（ベトゥラー）のことである。

ハイーム（著者。ユダヤ人）は言った：サウルがアブネルに対し、ダビデについて「あの少年（アレム。「アルマー」の男性形名詞）は誰の息子か」（サム上一七56）と訊ねたとき、彼の意図は「この（未婚の）坊や（ベトゥル。「ベトゥラー」の男性形名詞）は誰の息子か」と言うことではなかった。〔「少年」とは坊やではなく〕年少者ということでしかない。なぜなら、サウルはダビデが坊やであると、どこから知りえたというのか〔、知りえなかったからである〕。もしリベカについて、「おとめ」（創二四43）と〔聖書が〕言っていることによって我々に問うならば、その箇所で彼女について、「男を知らない」（同16）と書かれているのを見よ。「おとめ」（アルマー）の語が意味するのは「既婚者」（ベウラー）であることが明らかになろう。だがさらに、〔既婚者にもかかわらず〕「男を知らない」とあるのはなぜか、と問うかもしれない。「許婚に死なれて、粗布をまとう処女のように」（ヨエ一8。新共同訳は「おとめ」だが、原語は「アルマー」ではなく「ベトゥラー」と書かれているように、「既婚者」（ベウラー）の代わりに「処女」（ベトゥラー）が使われている聖句がある――この「処女」は「既婚者」のことであり、だから「許婚に死なれて」と言っているのだ――と。これらの名詞には二つの意味があり、その一方の意味を示す必然性はない。だから、このことについてもっと話し合おう。（ハイーム・イブン・ムーサ『盾と槍』二九頁）

一四世紀のキリスト教神学者、リラのニコラウスは、このイザヤ書の一節がマリアの処女懐胎の預言であることの根拠として、聖書原文の「アルマー」（おとめ）というヘブライ語の単語が「処女」を意味するからだと主張する。それに対し、ユダヤ人ハイーム・イブン・ムーサは聖書の用例を調べ上げ、「アルマー」は「若い女性」のことで、「既婚者」を意味する場合もあり、「処女」の意味で解釈することは聖書の字義に反すると批判する。ここでの「字義」とは、聖書内のさまざまな用例を検討して導き出される意味のことである。

ただし、この『盾と槍』（一五世紀）における議論はそれほど単純ではない。著者のイブン・ムーサ自身が論争文学の研究者であり、論敵のニコラウスもヘブライ語を習得し、タルムードや中世ユダヤ教聖書解釈の文献に通暁した人物であった。両者ともに、このイザヤ書の解釈が長らく論争になってきたことをよく知っているのである。実際、右に引用したイブン・ムーサによる回答は、「おとめ」「処女」「既婚者」といった用語についての聖書の用例をめぐって、相手が投げかけてくるであろうさまざまな質問を想定した問答で構成されている。主張と反証を繰り返すイブン・ムーサの議論は、ユダヤ賢者たちの緻密な議論で構成されているタルムードの文体をどこかうかがわせる。イブン・ムーサは一方的に自分の見解を相手に押しつけるのではなく、むしろ質疑を重ねて存分に議論をし、聖書の言葉の意味を探究することをめざしているようにみえる。信仰上の立場は違えども、真摯な知的議論こそが聖書の言葉の真理を導き出すのだという、学者同士の合意が形成されているのである。宗教論争が聖書解釈の知的対話という形式をとる場合、それは異端審問のような一方的な弾劾とはまったく異質なものである。確かに処女懐胎というキリスト教の教義の是非が問われてはいるが、彼らの関心は聖書の言葉の真理に向けられており、そのためにこそ知的議論をするのだという暗黙の了解のようなものがある。

次に紹介するヤコブ・ベン・ルーベンの『主の戦い』（一一七〇年頃）も、そうした知的対話としての論争文学の傑作である。興味深いことに、著者のヤコブはキリスト教の聖職者に師事したユダヤ人で、『主の戦い』は異なる信仰を持つ師弟のあいだでの聖書解釈論争である。そして、『主の戦い』は、新約聖書をユダヤ人が本格的にヘブライ語に翻訳した最初の作品としても重要である。著者のヤコブは西方キリスト教世界のラテン語訳新約聖書（ウルガータ）のうち、マタイによる福音書をヘブライ語に翻訳し、イエスの教えについて検討する。

さらに別の矛盾もある。彼（イエス）は彼らに「あなた方は先人たちが『自分自身を愛するように隣人を愛しなさい』（レビ一九18）と言ったことを聞きなさい」と言った——これは隣人に対してのみ適用される命令であり、〔自分たちを〕憎む者たちのことを憎むのは認められている——〔だが、イエスはこう言った。〕「しかし、わたしは言っておく。敵を愛し、自分を迫害する者のために祈りなさい」（マタ五44）と。彼がすべての掟、法、教えを取り除いていることがうかがえる。彼に仕えるあなた方はあちらでもこちらでも遵守しておらず、彼があなた方に与えた「慈しみの教え」（トラット・ヘン）のために、「裁きの教え」（トラット・ミシュパト）であるモーセの律法をあなた方が実践していないことがうかがえる。そして、あなた方はその慈しみの教えすら、さまざまな理由でまったく実践していないのだ。あなた方はたがいに戦争し、たがいに暴力をふるっているからだ。あなた方は神父たちの館に入り、羊毛でできた衣服を着て、肉を食べず、葡萄酒を飲まない者たちに他ならないが、その者たちはなお財産を強奪し、彼らに堅く禁じられている事柄の多くをおこなっている。

したがって私は言う。あなた方の手には新しい〔契約〕も旧い〔契約〕も、道も小路もない。暗闇と死の陰があるだけだ、と。（ヤコブ・ベン・ルーベン『主の戦い』一四六頁）

右の引用は、有名な山上の垂訓の箇所である。山上の垂訓について、「わたしが来たのは律法や預言者を廃止するためだ、と思ってはならない。廃止するためではなく、完成するためである」（マタ五17）とイエス自身が述べている。ヤコブ・ベン・ルーベンによれば、この発言は、山上の垂訓が旧約聖書のモーセの律法から導き出された倫理的な教えであると、イエスが認めていることを示している。

しかし、もしそうだとすれば、イエスの山上の垂訓には聖書解釈上の重大な問題があるとヤコブは指摘する。イエスは旧約聖書のレビ記の隣人愛の規定（一九章）にもとづいて「敵を愛しなさい」という教えを語るが、そんな教えは元のレビ記のどこにも明記されていないからである。つまり、イエスはモーセの律法に依拠すると言いながら、原典に存在しない教えを勝手に加えているではないか、というわけである。このヤコブ・ベン・ルーベンによるイエス批判もまた、聖書テクストの字義的読解によるものである。ヤコブはマタイによる福音書とレビ記の言葉を丹念に吟味することによって、イエスの聖書解釈者としての能力に疑問符をつけ、イエスは旧約聖書を正確に、つまり字義的に理解できていないと批判するのである。

『主の戦い』は、ユダヤ教とキリスト教の宗教論争におけるイエス批判が、ヘブライ語聖書だけでなく、新約聖書の解釈にもとづいて展開された重要な事例である。ヤコブはイエスが自分の「慈しみの教え」を唱えるために、モーセの律法の原理である「裁きの教え」を棄て去っていると主張する。律法による厳格な裁きからイエスによる愛の倫理への転換という理解は、パウロの書簡などで表現された伝統的なキリスト教の自己理解だが、ユダヤ人の論争家はそれを巧みに利用する。つまり、その自己理解は、イエスが旧約聖書の字義を正確に理解できなかったことの証左に他ならないのである。マタイによる福音書をよく読むと、イエスはモーセの律法の完成者どころか、聖書を正確に解釈できない不真面目な律法の先生だというわけである。さらに、ヤコブは彼と同時代のキリスト教徒たちにも批判の矛先を向け、彼らはそのイエスの教えすら守ることができず、教会は風紀を乱して堕落していると批判する。ヤコブ・ベン・ルーベンはユダヤ人だが、教会の腐敗を断じるその口ぶりは、どこか敬虔なキリスト教徒のようですらある。

次に、旧約聖書でも新約聖書でもなく、ユダヤ教の教典タルムードをめぐる解釈論争も紹介したい。タルムードには救世主（メシア）についてのユダヤ賢者たちの議論や説話が数多く収録されている。一二六三年にバルセロナで開催されたキリスト教の修道士とユダヤ教のラビによる公開討論で、こうしたタルムードのメシア説話が取り上げられた。討論に参加したユダヤ人指導者ナフマニデスによる報告書を見てみよう。

その者（パウルス修道士）は再び、タルムードに次のような解釈があると言った：ラビ・イェホシュア・ベン・レヴィはエリヤに訊ねた。「いつメシアは来るのですか」。すると彼は「メシア自身に訊ねるがよい」と答えた。「彼はどこに？」「ローマの門のところで、病人たちのなかにいる」。〔ラビが〕そこに行ってみると、彼（メシア）を見つけた。彼は彼に訊ねた、云々。だとすれば、彼（メシア）はすでに到来した。彼はローマにいて、〔彼はイエスであり、ローマを支配する者だ〕。

私は彼に答えた：私はそう信じていない。（ナフマニデス『討論録』三〇七頁）

キリスト教側の論者であるパウルス修道士は元ユダヤ教徒であり、キリスト教に改宗した人物である。彼のような改宗者はユダヤ教の文献に通じた人材として重用された。パウルスが言及しているのは、イエス時代のユダヤ賢者が実際にメシアと出遭ったという、タルムードの説話である（出典はバビロニア・タルムード、サンヘドリン篇九八ａ）。この不思議な伝承によると、あるユダヤ賢者が、天から降りてきた預言者エリヤに会い、彼に「メシアはいつ来るのか」と訊ねる。するとエリヤは、ローマの城門のところにメシアがいるから、彼に直接訊いてみなさいと忠告する。そして、賢者が急いでローマに行くと、そこに本当にメシアがいたのである。パウルスの考えでは、このタルムードの説話は、メシアがこの世の終わりにではなく、――イエスとして――すでに到来したという信仰が、古くからユダヤ教に存在していたことの証拠である。つまり、古代のユダヤ賢者たちがイエス・キリストの信仰を持っていて、彼らのイエス信仰の説話がタルムードに残されているというのである。

ユダヤ教の伝統にイエス・キリスト信仰を「発見」しようとするパウルスに対し、ナフマニデスはタルムードのメシア説話が史実であるとは信じないと反論する。また、ユダヤ賢者のメシア説話には、「メシアはローマを滅ぼすまでそこにとどまる」（『討論録』三一〇頁）という、ローマ帝国ならびにキリスト教世界の滅亡を望む、ユダヤ教の黙示的なメシア思想が隠されていることも示唆する。また、『贖いの書』という別の作品では、ナフマニデスはこの説話の真意を詳しく説明する。説話のなかで、ローマの城門で実際にメシアと出遭ったユダヤ賢者は、「あなたはいつ来るのですか」とメシアに訊ねる。するとメシアは「今日こそ」と答える。だが、このメシアの回答は、たんに自分の到来が「今日こそ」実現するという意味ではない。実は、彼の回答は「今日こそ、主の声に聞き従わなければならない」（詩九五7）という聖書の一節の冒頭の一語だったのである。つまり、この説話自体が、人間の悔い改め（「主の声に聞き従う」）についての聖書の言葉をめぐる思索なのである。タルムードのユダヤ賢者たちが問題にしているのは、メシアがイエスなのかどうかではなく、悔い改めという人間の行為にはメシアによる救済を実現する力があるのか、ということであった。パウルス修道士はこの説話をユダヤ賢者のイエス・キリスト信仰の証拠とみなすが、ナフマニデスの考えでは、それはタルムード本来の文脈から逸脱した誤解である。むしろ、この不思議なメシア説話は、人間の悔い改めが持つ救済的な力をめぐる、ユダヤ賢者たちの神学的考察の証拠なのである。

最後に、聖書解釈とはいささか異なる興味深い事例を紹介したい。プロファイト・ドゥランの『異教徒の恥辱』(一四世紀)からの事例である。『異教徒の恥辱』はキリスト教の教義を体系的に批判した作品だが、そのなかにカトリックの聖餐について、ユダヤ人ドゥランの目から見た叙述がある。

〔人々を〕誤りに導く者たちが築いた彼らの宗教(ダト)の原理のひとつは、イエスが磔にされたのと同じ量でやってきて、小麦から作られたパンの量がどれだけであれ、そのなかに生じるというものである。そのパンはパンの形を脱ぎ捨て、イエスの身体全体を受け取る。これにともない、パンの偶有——質や量など——は、主体のないままそれ自身のなかにあり続ける。祭壇にやってきてそこにとどまるのは、天に座している彼自身である。彼は異なる場所にいながらにして、彼自身において同一である。彼は祭壇においてみずからを動かし、また彼は天にいる。そして、そのパンが何切れに分けられようとも、礫にされたまさにその量で彼はそのすべてに見出される。まるで、割れた鏡のなかで、その各片のなかに、刻み込まれた絵〔の全体〕が見えるように。これと同じ仕方で、彼は葡萄を絞って作られた葡萄酒のなかにも見出される。このパンを食べ、この葡萄酒を飲むことで、イエスの身体はそれを食べた者の身体とひとつになる。〔そのパンが〕形を失った後も残るパンの偶有が失われるまで、彼はその者の腹のなかに居続ける。この彼らの信仰はパンと葡萄酒において見られる。それは、この儀式のために割り当てられた神父――彼が年長であれ若者であれ、賢き者であれ愚かな者であれ、義人であれ悪人であれ――によって言葉が唱えられた後で〔起こるのである〕。(プロファイト・ドゥラン『異教徒の恥辱』三五頁)

ドゥランは聖餐の原理である実体変化、つまりパンがキリストの肉に変化するという信仰を少し揶揄する調子で記述している。形も重さも異なるパンが、常に同じ量のキリストの身体に変化するなどということがどうして起こりうるのか、聖餐とは端から見ればなんと非合理なものかとドゥランは言う。さらに、右の引用の最後の一文では、聖餐はそれをおこなう神父の人間性にかかわらず――たとえ悪人であろうと――秘跡としての効力を持つようだ、と述べている。これはカトリックの秘跡論では正統的な立場であり、秘跡の効力はそれをおこなう人間にではなく、その制度自体に由来するという考え方である。ドゥランは一四世紀の人物だが、カトリックの正統的な秘跡の原理を彼独特の皮肉めいた書き方で記述しているところを見ると、中世キリスト教世界を揺るがした秘跡論争を同時代のユダヤ知識人たちもよく知っていたのではないかという想像が膨らむ。

民間伝承

次に、中世ユダヤ教の民間伝承におけるイエス像を見ていきたい。具体的に取り上げるのは、『トルドート・イェシュ』という作品である。

新約聖書やその後のキリスト教文学とは異なる仕方で、ユダヤ人が自分たちのイエス物語を語り始めたのはいつ頃なのか、という問題についてはさまざまな説がある。バビロニア・タルムード（五〇〇年頃成立）には、イエスについてのユダヤ賢者たちの伝承が断片的に残されている。たとえば、イエスはマリアが神とのあいだに産んだ子供ではなく、パンデラというローマ兵士と彼女の不義によって生まれた私生児であるとか、イエスはヘロデ王の迫害を逃れてエジプトに渡ったときにそこで魔術を身につけた、といった伝承である。こうしたタルムードのイエス伝承については、P・シェーファー著『タルムードの中のイエス』（上村静・三浦望訳、岩波書店、二〇一〇年）に詳しい。タルムードのイエス伝承は、イエスが神の子であることや奇跡を起こす人物であるといった福音書の記述を受け入れることを拒み、しかも福音書のイエス物語を利用し、それをいわば悪意的に解釈して、イエスのネガティブなイメージを描き出すという特徴をそなえている。

一方、『トルドート・イェシュ』もその詳しい成立の経緯はわかっていないが、中世キリスト教世界のユダヤ人たちのあいだで流布したイエス伝であり、右のタルムードのイエス伝承と共通するエピソードも多い。しかし、両者には明確な相違もある。まず、タルムードはユダヤ教世界の知的エリート、つまり「ラビ」と呼ばれる学者たちの言説であるのに対し、『トルドート・イェシュ』はユダヤ人の民衆のあいだで広まった言説だという点である。もうひとつの重要な相違は、タルムードのイエス伝承が断片的で、物語として完結していないのに対し、『トルドート・イェシュ』はイエスの誕生から死と復活――ただしそれは虚偽の「復活」だが――までの、イエスの生涯全体を描いた物語だという点である。そして、その物語は、キリスト教世界のイエス物語とはまったく違う、いわばユダヤ版のアナザーストーリーなのである。

それゆえ、『トルドート・イェシュ』におけるイエス像は、学者たちの知的対話である聖書解釈におけるイエス像とはかなり性格を異にする。聖書解釈とは聖書の言葉についての緻密な考察であり、イエスをめぐる論争でも、イエスの生涯やそれに関連づけられるキリスト教の教義が聖書の言葉と本当に結びついているのかどうかを問いなおす議論が展開された。それに対して、『トルドート・イェシュ』の基本的な手法はパロディである。パロディとは、キリスト教世界に流布する福音書のイエス物語を利用しながら、各エピソードの内容を一変させ、イエスの神聖さを奪い去り、滑稽さを強調する手法のことである。また、パロディの手法はイエスのみならず、その周辺の人物の価値づけも逆転させる。その典型がイスカリオテのユダである。周知のとおり、ユダは福音書においてはイエスを密かに裏切る人物として描かれる。それに対し、『トルドート・イェシュ』ではイエスに堂々と対決を挑む勇敢な英雄として描かれる。ただし、その対決はどこかコミカルで笑いを誘い、ユダが狡知をはたらかせて、イエスを出し抜く展開になることが多い。その一例を紹介しよう。あるとき、イエスと弟子のペトロ、ユダの三人が宿屋に泊まることになった。その夜の出来事である。

そこから彼らは宿屋に来ると、イエスは女主人に何か食べるものはあるかと訊ねた。女主人は「鵞鳥を焼いたものしかありません」と言った。イエスはその鵞鳥を手に取ると、彼らの前に置いた。イエスは言った。「この鵞鳥は三人で食べるには少なすぎる。眠りについて、最も良い夢を見た者が鵞鳥を丸ごと食べられることにしよう」。そして、彼らは横になった。真夜中になり、ユダが起き上がって、その鵞鳥を食べてしまった。

朝、彼らは起きた。ペトロは言った。「私は夢を見ました。私が全能者の子の玉座の下に座っていました」。イエスは言った。「私がその全能者の子だ。私は夢を見た。おまえが私の下に座っていた。見ろ、私の夢の方がおまえの夢よりも良い。その鵞鳥を食べるのは私だ」。すると、ユダが言った。「私は夢のなかでその鵞鳥を食べました」。イエスはその鵞鳥を探したが見つからなかった。ユダが食べてしまったからである。(『トルドート・イェシュ』(フルドライヒ版)二四六頁)

このイエスとユダの対決は笑い話である。三人で鵞鳥のローストを取り合うという設定からしてすでにコミカルだが、イエスはふたりの弟子に良い夢コンテストを持ちかける。最も良い夢を見た者が御馳走を独り占めできるというわけである。ところがその夜、ユダはイエスとペトロが眠った後、ひとりでこっそり鵞鳥を食べてしまう。そして翌朝、自分が神の子であるという夢を誇らしげに語り、勝利を確信したイエスに向かって、ユダは事も無げに言い放つ。自分も夢を見た、なんとその夢は自分が鵞鳥を食べるというものであった、と。哀れなイエスは鵞鳥を探すがもちろん徒労に終わり、ユダに自分がからかわれていることにはまったく気がつかないのである。

しかし、『トルドート・イェシュ』はたんなる笑い話ではない。この民間伝承にも、やはりキリスト教世界への対抗的な意識が現れている。福音書においてイエスは病気の治癒や死者の復活など、さまざまな奇跡を起こすが、『トルドート・イェシュ』ではこれらのおこないは奇跡ではなく、魔術であったと語られる。奇跡と魔術の区別はかならずしも容易ではないが、『トルドート・イェシュ』では「魔術」の正体が明確である。イエスが魔術師であるとは、彼が禁じられた神聖な力を盗み出し、不当にそれを使用した者である、という意味である。イエスによるその狡猾な窃盗の場面を見てみよう。

神殿には礎石があった。(……)。そして、そこにはシェム・ハ－メフォラシュ(聖四文字の神名。יהוה)の文字が記されていた。それを学んだ者は誰でも、自分の望むことをすべておこなうことができる。賢者たちはイスラエルの若者たちがそれを学び、それによって世界を破滅させることを恐れていた。そこで、彼らはそのことに対する規則をつくり、彼らが学べないようにした。中央の門の二本の鉄柱の上に、銅製の犬が吊るされたのである。なかに入ってその文字を学ぶ者はみな、出るときに犬に吠えられる。そして、それらを見ると、文字がその者の心から出て行ってしまうのである。さて、このイエスがやってきて、それらを学んだ。彼は羊皮紙に書き写すと、みずからの腿を裂き、なかに羊皮紙を入れた。みずからの肉を裂いても痛みがなかったのは、まさにその文字のおかげであった。そして、彼は皮膚を元に戻した。彼が出るときに、銅の犬が彼に吠えた。すると、文字は彼の心から出て行ってしまった。だが、彼は帰宅するとみずからの肉をナイフで裂き、書き留めたものを取り出した。そして、その文字を学んだ。(『トルドート・イェシュ』(ストラスブール写本三九七四)八四―八五頁)

エルサレムの神殿には礎石があり、そこには聖四文字の神名が刻まれていた。その神名にはすべてを可能にする力があり、ユダヤ賢者たちはその悪用を恐れて、神殿に結界を張り巡らせていた。しかし、イエスは狡猾なやり方でまんまと神名を習得する――具体的には、みだりに唱えてはならないとされるその神名の正しい発音方法を習得することである――。このエピソードで強調されているのは、イエスが神殿から神名を盗み出す行為の持つ社会的な問題性である。神殿の結界を破るというイエスの行動は、ユダヤ賢者たちが定めた規範への反発を象徴する。つまり、この話はたんにイエスが聖なる力を盗んだだけでなく、イエスがユダヤ賢者たちを中心とするラビ・ユダヤ教の体制に対して反逆する者、賢者たちの権威を脅かす危険分子であることを印象づけているのである。

この反逆者としてのイエスは神名を使って奇跡／魔術を起こすが、あえなく捕らえられ——しかも、イエスを負かすべく神名の習得をユダヤ賢者から許されたユダによって！——、ユダヤ教の法廷で死刑を宣告される。罪状はもちろん、ユダヤ賢者たちの定めた規範を破り、禁忌の力を私的に利用したことである。神名の習得から死刑宣告までの話では、イエスが神名の使い手としての魔術師であり、彼に有罪の判決を下したユダヤ法廷にはれっきとした罪状の理由があり、イエスは他でもないユダヤ法に対する深刻な違反のゆえに死刑を宣告されたことが強調される。イエスはまぎれもなくユダヤ人の宗教共同体における反逆者なのである。

こうしてイエスは処刑され、ヘブライ語聖書の規定、つまりユダヤ法にもとづいて木に吊るされることになる。ところが、彼の遺体を木に吊るそうとすると、その木がことごとく折れるという奇怪な現象が起こる。それを見たイエスの弟子たちは歓喜する。イエスがやはり神の子であり、彼の大いなる義のゆえに、あらゆる木々が自分のところに彼の遺体が吊るされることを拒絶していると思ったからである。しかし、実はこの現象はイエスが死ぬ前に仕掛けていたトリックであった。彼は処刑後、自分の遺体が木に吊るされることを知っていたので、例の神名の力を使って、すべての木に遺体が吊るされたら折れるよう、あらかじめ細工をしていたのである。もちろん弟子たちはそれを知らないので、この現象がイエスの神聖さのゆえだと主張するが、ユダヤ賢者たちはイエスの悪あがきを察知し、その計略を暴く。当時、エルサレムに生えていた巨大なキャベツ（！）の茎に遺体を吊るしたのである。「茎」は「木」ではないので、イエスはそのキャベツの茎に神名の呪文をかけ忘れていた。そして、あえなくキャベツの茎に遺体が吊るされ、イエスの反逆が明るみに出るのである。

その後、イエスの遺体は地に埋められる。ところが三日後、またしても驚くべき異変が起こる。埋めたはずの遺体が忽然と消えてしまったのである。もちろんこれは、福音書のイエス物語における彼の復活を念頭に置いたエピソードである。そして、キリスト教的イエス物語のクライマックスともいうべきこの出来事もパロディ化される。

『トルドート・イェシュ』の舞台では、当時エルサレムはヘレネという女王によって統治されていた(ヨセフスの『ユダヤ古代誌』に出てくるアディアベネ王国の王女ヘレネと、聖十字架の発見の伝説で知られるコンスタンティヌス帝の母ヘレナが混ざったようなキャラクターとして描かれる)。遺体消失の異変を聞いたヘレネはただちにユダヤ賢者たちを呼びつけ、おまえたちはメシアを殺した、イエスの遺体を見つけ出せなければメシア殺しの罪でユダヤ民族を皆殺しにするぞと脅す。賢者たちは必死にイエスの遺体を捜すが、どうしても見つからず、女王が定めた猶予の期間が終わりを迎えてしまう。

イエスのせいで自分たちが殺されると確信したユダヤ賢者は、野に出て涙を流す。すると彼の前に別のユダヤ人が姿を現す。彼は広大な庭を所有していた。この庭の主人に対し、賢者はイエスの遺体が見つからないせいで自分たちは女王に皆殺しにされてしまうと話す。すると、庭の主人はさらりと衝撃の真実を語る。なんと、イエスの遺体が消えたのは、自分が墓から運び出したからだと打ち明けたのである。遺体はいま自分の家の庭に埋めてあると言うので、賢者が彼とともに庭に行くと、本当に遺体が出てきたのである。

このエピソードは、福音書における復活の奇跡の「真相」を暴き出して、それはあるユダヤ人が遺体を別の場所に隠したにすぎないという話に仕立て上げたものだが、たんなる滑稽な笑い話というわけでもない。実は、ここにも新約聖書の解釈が含まれているのである。注目すべきは、遺体を運び出した庭の主人が語ったその理由である。

「なぜなら、私があの悪党たち（イエスの信奉者たち）のために彼を盗んだからだ。彼らが彼を連れ出さないように、そして彼らが世々にわたって口を開くことがないように」（『トルドート・イェシュ』（ストラスブール写本三九七四）九三頁）

この主人の説明は、明らかに福音書の記述を念頭に置いたものである。福音書ではイエスの遺体が埋葬された後、ユダヤ人たちが総督ピラトにある要望をする（マタ二七62－66）。それは、イエスの弟子たちが彼の遺体を墓から盗み出し、彼が復活したことを民衆に言いふらすかもしれないから、それを阻止すべく番兵たちに墓を見張らせてほしい、というものである。『トルドート・イェシュ』における庭の主人の行動は、この福音書の記述を解釈したものといえる。このユダヤ人もまた、遺体を運び出すことによる復活のでっち上げを懸念しているのである。ただ、庭の主人が福音書のユダヤ人たちと違うのは、イエスの弟子たちの意図を阻止するどころか、それに加担してやろうという点である。庭の主人は、「復活」の偽装に気づくはずもなく遺体が消えて喜んでいる弟子たちの眼前に、頃合いを見計らって庭から再び掘り出した遺体を突きつけるつもりなのかもしれない。

＊

本稿では、中世のユダヤ人たちがキリスト教文化に直面するなかで、聖書——ヘブライ語聖書と新約聖書——をどのように読んだのかというテーマについて、ユダヤ教世界のイエス像という事例を通じて考察してきた。そして、聖書の言葉の意味をめぐる論争としての聖書解釈と、イエスについての想像力豊かなアナザーストーリーを生み出した民間伝承という、中世ユダヤ教世界の異なるふたつの言説に注目した。

ユダヤ教世界におけるイエス描写には、ある意味でキリスト教世界の「アドウェルスス・ユダエオス」の伝統に似たような、キリスト教世界への対抗性を示す狙いが含まれている。つまり、キリスト教文学における「ユダヤ人」がしばしばそうであるように、ユダヤ教文学における「イエス」もまた一種のレトリックとしての機能を持っている。中世のユダヤ人たちは、自分たちと隣りあうキリスト教徒たちに向かって、イエス・キリストに関連する聖句の解釈を批判したり、イエスについての侮蔑的な物語を語ったりしたわけではかならずしもない。むしろ、彼らのイエス解釈やイエス物語はユダヤ教の内部で語られ、消費される言説である場合がほとんどである。ユダヤ人によるイエス描写は、キリスト教徒を攻撃し、彼らをユダヤ教に改宗させることではなく、むしろユダヤ人をキリスト教に改宗させようとするキリスト教徒の活動に対する自己防衛であり、自分たちのユダヤ教信仰を護ることを目的としていたのである。実際、今回紹介した聖書解釈による論争は、キリスト教徒による布教活動という歴史的な文脈で考察すべき事例を多く含む。ヤコブ・ベン・ルーベンが対峙したキリスト教徒の師や、ナフマニデスが公開討論で相手をしたパウルス修道士は、ユダヤ人を改宗させるという明確な目的をもって論争に挑んだ。だとすれば、ユダヤ人によるイエス描写もまた、こうしたキリスト教徒の布教活動という文脈のなかでその意図を検討する必要がある。キリスト教文化に対抗する言説を構築することで、キリスト教への改宗からユダヤ人を護るために、彼らはイエスについて語ったということである。ユダヤ教の論争文学は、その文学的構図としてはユダヤ人が相手のキリスト教徒を論駁し、言葉で打ち負かす形式になっている。しかし、ユダヤ人の論争家たちが現実のキリスト教神学者を論破して、キリスト教徒の民衆をユダヤ教に改宗させるためにこうした作品を書いたとはとても考えにくい。彼らが想定する読者は、キリスト教徒ではなく、自分たちが護りたいと望むユダヤ人たちであったということである。

加えて重要なことは、本稿で紹介した聖書解釈の作品や、イエスを蔑むようなパロディである『トルドート・イェシュ』ですらも、現実社会におけるキリスト教徒たちとの関係を破壊するものではなかったということである。それどころか、前述のヤコブ・ベン・ルーベンやナフマニデスの作品にいたっては、南フランスやスペインのユダヤ人とキリスト教徒の良好な関係をその背景として、ユダヤ人である彼らが自由に自分の考えを表現することを許される社会のなかで書かれた。もちろん、論争文学のすべてがそうした平和的な社会において書かれたわけではなく、深刻な迫害や社会不安にその成立が起因する作品もあることは確かである。しかしそうだとしても、聖書解釈論争の文学や『トルドート・イェシュ』は、キリスト教世界に対する敵意や憎悪をユダヤ人たちのあいだで喚起させるような憎しみの作品では決してない。むしろ、ユダヤ人はキリスト教世界を生きる宗教的マイノリティとして、自分たちのアイデンティティを保持していくために、つまり自分たち自身のために、キリスト教文化への対抗的な言説を必要としたのである。

キリスト教の「アドウェルスス・ユダエオス」の伝統には、ユダヤ人へのネガティブなイメージの形成によって、キリスト教内部の異端を排除しながら、キリスト教の正統的な教義を確立していくという目的があった。では、ユダヤ教世界における同様の反キリスト教的文学にも、それと同じ目的、つまりユダヤ教の正統的な教えを確立するという目的がはたしてあったのだろうか。つまり、キリスト教への改宗からユダヤ人たちを護るということ以上の、ユダヤ教の正統的な伝統を確立することまでもがその目的に含まれていたのだろうか。おそらく、事はそう単純ではない。そして、この問題を考察するには、今回紹介したような個々の作品をそれぞれの文脈でより深く検討していかなければならない。本稿はそこまで射程が及ぶものではなく、これは筆者に課せられた今後の課題ということでご容赦いただきたい。本稿では、中世ユダヤ教世界におけるイエスが、聖書――ヘブライ語聖書と新約聖書――に対するさまざまな読みのアプローチによって、実に多様な仕方で描かれていたことを紹介した。中世ユダヤ教文学に触れる機会を提供するという筆者の望みが叶えられたかどうかは、読者のみなさまのご判断にゆだねたい。

出典一覧

ユスティノス『ユダヤ人トリュフォンとの対話』

A. Roberts and J. Donaldson (eds), *Ante-Nicene Christian Library, Volume II: Justin Martyr and Athenagoras*, Edinburgh: T & T Clark, 1870.

ヨセフ・キムヒ『契約の書』

Yosef Qimhi, *Sefer ha-Berit u-Vikuhei Radaq ʿim ha-Natzrut*, ed. F. Talmage, Jerusalem: Bialik Institute, 1974:（英訳）Joseph Kimhi, The Book of the Covenant, tr. F. Talmage, Tronto: Pontifical Institute of Mediaeval Studies 1972.

『勝利の書（古）』（著者不詳）

David Berger, *The Jewish-Christian Debate in the High Middle Ages: A Critical Edi-*

tion of the Nizzahon Vetus, Philadelphia: The Jewish Publication Society of America, 1979. ＊文中の頁数は同書のヘブライ語校訂版テキストの箇所に対応。

ハイーム・イブン・ムーサ『盾と槍』
Hayyim ibn Musa, *Sefer Magen va-Roma'h ve-Igeret li-Vno*, Jerusalem: The Hebrew University of Jerusalem, 1970.

ヤコブ・ベン・ルーベン『主の戦い』
Jacob ben Reuben, *Milhamot ha-Shem*, ed. J. Rosenthal Jerusalem: Mossad Harav Kook, 1963.

ナフマニデス『討論録』、『贖いの書』
Moshe ben Nahman, *Kitvei ha-Ramban*, 2 vols., ed. H.D. Chavel, Jerusalem: Mossad Harav Kook, 1963, vol. 1, pp. 302-320; pp. 261-295:（英訳）Hyam Maccoby, *Judaism on Trial: Jewish-Christian Disputations in the Middle Ages*, London: The Littman Library of Jewish Civilization, 1982, pp. 102-146; Moses Nahmanides, *Ramban (Nachmanides): Writings and Discourses*, 2 vols., tr. C.B. Chavel, vol. 2, pp. 558-650.

プロファイト・ドゥラン『異教徒の恥辱』

Profayt Duran, *Kitvei Pulmus le-Profayt Duran*, ed. F. Talmage, Jerusalem: The Zalman Shazar Center and the Dinur Center, 1981.

『トルドート・イェシュ』

Toledot Yeshu: *The Life Story of Jesus*, 2 vols., eds. M. Meerson and P. Schäfer, Tübingen: Mohr Siebeck, 2014, Volume I: Introduction and Translation, Volume II: Critical Edition. ＊文中の頁数は第二巻に対応。

ホロコースト後のユダヤ人とキリスト教徒
——キリスト教への改宗者の戦後——

武井彩佳

はじめに

ホロコーストにより、ユダヤ教徒とキリスト教徒の関係性が本質的な再構築を迫られたことは言うまでもないだろう。ホロコーストに加担した人間の大半が——多くの場合名目だけとは言え——キリスト教徒であったのは事実である。教会はなぜあのような兄弟殺しに目をつむったのか、神はなぜ沈黙したのかという問いはキリスト教世界に重くのしかかり、これに対する答えの模索が、戦後のキリスト教徒とユダヤ教徒の関係のスタート地点となった。それだけではない。戦後の両者の関係には、一つ実にやっかいな問題が横たわっていた。ナチの時代にキリスト教に改宗したユダヤ人の存在である。

ナチ支配下のヨーロッパでは、少なからぬユダヤ人が迫害を逃れるために自ら改宗し、もしくは子どもをキリスト教徒として教会施設に預け、また乳幼児をキリスト教徒の家庭に託した。こうした自発的・非自発的改宗者は、ドイツの占領がユダヤ人の状況の急激な悪化をもたらした国々に多かったが、その正確な数は分からず、ナチ支配下での彼らの生活の実態もよく分かってはいない。ナチによる迫害は「人種」に基づくものであったので、改宗したからといって迫害から逃れられるわけではなく、改宗者も多くは生き延びることができなかったため、記録が全般的に少ないのだ。また生後まもなくしてキリスト教徒の里親に預けられた乳児の場合、自分がユダヤの出自であるということさえ知らずに育つことが多く、本人にその自覚がなければ、こうした事例が研究の地平にあがってくることさえない。近年、このテーマでようやく実証的な研究が始まったが、その多くは出自を偽って生き残った者が残した証言を基にするか、もしくは生還したユダヤ人が、里親から自分の子どもを取り戻すために起こした裁判の史料に依っている。[1] つまり、ホロコーストにおける改宗ユダヤ人の研究は、実に広範囲にわたるホロコースト研究の中では極めて後発で、かつ手薄なまま残された分野であると言えるのだ。

一　どのようなユダヤ人が改宗したのか

では、ユダヤ人は具体的にどのような状況で改宗を決意したのか。

ホロコーストにおける改宗は、改宗時の本人の年齢により意味合いが大きく異なる。改宗者は三分類され、まず迫害を逃れるという消極的理由であれ、信念からであれ、自らの意思で改宗したと見なしうる者（主に大人）、次に親から離れて教会付属の寄宿学校や修道院でかくまわれる中で改宗し、改宗の意味について一定の認識があった青少年、そして乳幼児としてキリスト教徒の家庭に預けられ、養父母に育てられる中で本人の意思決定への関与なく洗礼を受けた子どものケースに分けられる。改宗の形態や時期には、ドイツによる占領の過酷さ、その国におけるホロコーストの展開のスピード、社会における教会の位置などにより地域性がある。

1 自ら改宗した者

まず自発的な改宗者の集団を見てみよう。これは近代以降に進んでいたユダヤ人の宗教離れとキリスト教社会への同化の延長線上にあるもので、ナチズムの台頭が改宗への最後の一歩を踏み出させたに過ぎない。ユダヤ人の同化が特に顕著であったドイツでは、実際にナチ政権成立以前からユダヤ教徒とキリスト教徒の異宗間結婚は多かった。周知のように、ユダヤ人とは「ユダヤ人の母から生まれ、ユダヤ教を信仰する者」と定義されるように、信仰と血による集団である。このため、宗教を異にする人間と結婚するユダヤ人の信仰は強いとは言えず、夫婦の子どもはたいていキリスト教徒として育てられた。家族の中で片親のみがユダヤ教徒に留まっていた場合、この者にとっての改宗は、「棄教」というよりはむしろ家族の現状に自分の宗教を合わせたといった方が近い。

一九三三年の段階で、ドイツにおけるユダヤ系のキリスト教徒の数は三五万人ほどと推測され、その大半はナチ政権成立以前に改宗したか、もしくは「アーリア系」キリスト教徒とユダヤ教徒との間に生まれ、生誕時からキリスト教徒として育てられた者である。同時期のドイツのユダヤ教徒の数が五二万五千人であるので、決して少ないとはいえない。ただし一九三五年のニュルンベルク法は、三人以上のユダヤ教徒の祖父母を持つ者をナチの言う人種的「ユダヤ人」と定義しており(2)、本人の信仰とは関係なくドイツ人とユダヤ人の境界線が引かれた。このため、こうした「非アーリア系」のキリスト教徒は、のちに「パウロ同盟」と呼ばれる団体に組織され、教会組織からも、ドイツの社会生活からも徐々に切り離されていった(3)。

しかし「キリスト教徒のユダヤ人」をドイツから完全に排除することは困難であった。なぜなら彼らは「アーリア人」との婚姻関係により社会に深く組み込まれており、彼らの強制的な排除にはその家族からの強い抵抗が予想されたためである。パウロ同盟は一九三九年にゲシュタポにより解散させられたが、「アーリア系」キリスト教徒の配偶者を持ち、子どもをキリスト教徒として育てた「ユダヤ人」は、強制収容所等への移送から外されていた。ドイツでホロコーストを生き残ったのは二万人弱であるが、その四分の三は「アーリア人」キリスト教徒と結婚していた「ユダヤ人」であった[4]。つまり、ドイツに限定していえば、キリスト教世界とのつながりがユダヤ人が生き残るために有利な環境を作り出したと言える。

逆に、ユダヤ人のキリスト教社会への同化がドイツのように進んでいなかった東欧では、ドイツの侵略を理由とする改宗は、むしろ例外的である。なぜならナチの占領政策のあり方からして、彼らが人種としての「ユダヤ人」の根絶を企図しており、改宗が何の役にも立たないことは明白であったためである。もちろん、ドイツの侵略前後に改宗した者はいたが、彼らも「ユダヤ人」としてゲットーに詰め込まれ、絶滅収容所へと移送された。あまり知られていないが、ナチ支配下で最大のゲットーであったワルシャワ・ゲットーには、改宗したユダヤ人が集う教会さえ存在した。

東欧での改宗者には、ナチ迫害から逃れようとするなかで教会に助けられ、キリスト教との直接的な接触の中から入信するケースが散見される。著名な例を挙げると、「ユダヤ人国家」として建国されたイスラエルに、ユダヤ人とは誰かという問いを突きつけたカトリック神父、ダニエル・ルーファイゼン（Daniel Rufeisen, 1921–1998）がいる。

ルーファイゼンはポーランドでユダヤ人シュムエル・ルーファイゼンとして生を受けたが、ナチ支配下で修道院に匿われたことで信仰に目覚め、自らの意思で洗礼を受け神父となった。イスラエルは一九五〇年に「帰還法（Law of Return）」を定め、ユダヤ人であれば即時に移住を認めるとしたため、多くのホロコースト生存者がこの法に基づいて移住した。ルーファイゼンもポーランドの共産主義政権による上からの反ユダヤ主義を理由に、キリスト教徒のユダヤ人としてイスラエルへの移住を申請したが、認められなかった。「帰還法」に基づいてユダヤ人としての市民権を求め提訴するも、一九六二年にイスラエル最高裁は「ユダヤ教から改宗した者はユダヤ人と見なされない」という理由でルーファイゼンの訴えを退けた。最終的にルーファイゼンは、通常の帰化手続きを経てイスラエル国民となるのだが、この裁判により、ユダヤの出自であっても他宗教に改宗した者はユダヤ人と見なされないという、現在まで通用する帰還法におけるユダヤ人の定義が確立した。[5]「ユダヤ人国家」として建国されたイスラエルにおいて、キリスト教への改宗者により「ユダヤ人」の定義が問題とされた事実は、実に興味深い。

自らの意志で洗礼を受けた改宗者は、一般的にキリスト教徒としての戦後を生きたと言ってよい。ただし終戦直後は、誰がユダヤ人なのか明白とは言えない時期もあった。というのも、ナチ支配が終わると人種主義的な「ユダヤ人」という枠組みが意味を失い、宗教的な定義が復活したが、現実にドイツでは、キリスト教に改宗した元ユダヤ教徒が再改宗を希望したり、ナチのいう「ユダヤ人」として迫害されたとの理由で、ユダヤ教団からの支援を求めたりする例があった。[6] 改宗者がユダヤ人共同体への復帰を望んだのは物的に困窮していたためで、多くは海外のユダヤ人団体から送られてくる救援物資を目当てにしていた。このため彼らは「小包ユダヤ人（パケートユーデン）」と揶揄されていた。人種を理由に迫害された者たちは、その結果としてだれもが困窮しており、ユダヤ系のキリスト教徒もユダヤ教徒と同じ「運命共同体」に属すと考えていたのである。しかし、本来の宗教的定義に立ち戻ったとき、ふたつの集団を同じものとして扱うことはできなかった。このため、ユダヤ人社会は概してキリスト教への改宗者を再び共同体に受け入れることはなく、改宗者は徐々にキリスト教社会に吸収されてユダヤ人共同体との接点は失われていった。

2 教会施設に預けられた青少年

改宗者の第二の集団は、修道院や寄宿学校など教会関連施設に預けられ、改宗した青少年である。これは必然的にポーランドやフランスなどのカトリック諸国で多く見られる事例である。親元を離れて教会で匿われる中で、カモフラージュの意図もあって改宗したか、もしくはすでに洗礼を受けた子どもが安全のために教会施設に身を寄せた。ルイ・マル監督の有名な映画『さよなら子どもたち』(一九八七年)では、ドイツ占領地域からヴィシー政権下のフランスに逃れたユダヤ人の子どもたちが、寄宿学校に匿われる様子が描かれている。こうした形での子どもの保護はカトリック教会が多いのは事実だが、中にはフランスのオートロアール地方の村、ル・シャンボン・シュル・リニョンのように、プロテスタントの村が一丸となってユダヤ人の子どもを匿った例もある。この場合の子どもの受け入れは多くが家庭でなされている。

教会に助けられる中で改宗を決意した青少年は少なくない。ヨハネ・パウロ二世を支えたパリ大司教、ジャン＝マリ・ルスティジェ（Jean-Marie Lustiger, 1926–2007）も、こうした背景から改宗した。彼はパリでポーランド移民のユダヤ人の両親の下にアーロン・ルスティジェ（ルスティガー）として生まれたが、一九四〇年にフランスがドイツに敗北した混乱期に、オルレアンで自らの意志により一三歳で改宗し、ジャン＝マリと名乗るようになった。その後ヴィシー政権下の「自由地区」に逃れ、隠れて生き延びるが、ひとりパリに戻った母親はアウシュヴィッツで殺害されている。ルスティジェの父親は戦後に息子の改宗を無効とするよう求めたとも言われ、こうした背景から「ユダヤ人の大司教」と呼ばれることもあった。本人はユダヤの出自を否定することなく、ユダヤ教とキリスト教の融和に努め、キリスト教徒からもユダヤ教徒からも慕われた。二〇〇七年に没した際、葬儀はノートルダム寺院で行われたが、その際ルスティジェの従兄弟であるドイツの歴史家、アルノ・ルスティガー（Arno Lustiger, 1924–2012）が聖堂の前でユダヤ教の教義にのっとってカディッシュ（死者の祈り）を唱えたように、まさに二つの世界を生きた人であった。

ルスティジェの場合、そのキリスト教信仰に揺るぎはなかったが、最終的にユダヤ人社会に戻ってくる改宗者もいる。ホロコースト研究者として世界的に知られているサウル・フリートレンダー（Saul Friedländer, 1932–）がそのひとりだ。

フリートレンダーは一九三二年にプラハでドイツ語を話すユダヤ人の家庭にパヴェル（パウル）として生まれ、ドイツの侵攻に際し一家でフランスへ逃げ、ポールと名乗るようになった。九歳でモンリュソンという町のカトリックの寄宿学校に身を潜めたときには、ポール＝アンリ・フェルランという、いかにもフランス風の名前を名乗っていた。彼は洗礼を受け生き延びるが、両親はアウシュヴィッツへ送られ、殺害されている。戦後になって両親の最期を知り、シオニストとなり、イスラエルへ移住して、ヘブライ語名のシャウールを名乗るようになったが、最終的に落ち着いたのは、サウルという四番目の名前であった。ポールとシャウールという、それぞれに人生の一時期であった名前の中間をとったのだという。(7) チェコスロヴァキア国籍のドイツ系ユダヤ人から、カトリックのフランス人へ、そしてシオニストのイスラエル人への変遷は、まさに子ども時代にホロコーストを経験したゆえに彼が対峙せざるを得なかったアイデンティティの不安定さを示しているだろう。自分が何者であるのか答えを探す過程自体が、彼のホロコースト研究となったのは不思議ではない。

十分に自分で判断できる年齢になって改宗した者のアイデンティティが比較的安定していたのに対し、フリートレンダーのように戦時中に洗礼を受けた青少年は長期にわたって自分は何者なのかという問いと葛藤し続けた。洗礼を受けたものの、戦後に家族が全員殺害されていたことを知り、改宗を自らの出自への裏切りと感じて信仰が揺らぎ、苦悶する例は少なくなかったのである。

3　キリスト教徒の家庭に預けられた乳幼児

改宗者の第三の集団は、乳幼児としてキリスト教徒の家庭に預けられ、洗礼を受けた者たちである。これはホロコーストの展開が早いため、家族単位での潜伏や脱出が困難となった東欧に多く見られるケースで、ゲットーから絶滅収容所への移送が始まる時期に多い。逆にドイツのように長期にわたり段階的な迫害が進行した場所では、状況に合わせた対応が可能であったため、こうした事例はほとんど見られない。それゆえ乳幼児の第三者への委託は、ユダヤ人の極めて切羽詰まった状況を物語る。年端のいかない子どもを手放すのはどの親にとっても苦渋の選択だが、確実な死から子どもだけでも救いたいという思いで、以前の使用人や田舎の農家、さらには見ず知らずの他人に託したのである。

子どもの引き受けにおいては、たいてい里親に金銭的見返りが約束された。当然のことながら、戦時中で食料をはじめすべてが欠乏する中で、もうひとり子どもを育てることは容易ではない。またユダヤ人を匿っていることが知れれば、本人のみならず家族や集落までもが報復を受ける危険があった。実際、伝統的な反ユダヤ主義感情が強い東欧諸国では、対独協力者によるユダヤ人狩りや、隣人による密告も蔓延していたため、里親は村から孤立する中で、まさに命がけで子どもを守る必要があった。したがって金銭的なやりとりなしで子どもを預かることはそもそも困難であり、受け取った宝石などを換金して食料を入手し、何とかしのいだのである。このため生みの親からの支払いが止まると子どもを放り出したり、受け入れた子どもを召使いのように使ったりすることも少なくなく、生存者の証言からもこうした経験が例外的ではなかったことがわかる。

戦時中、里親の下で暮らした子どもは、カトリックの教義や習慣を徹底して教え込まれ、大半が洗礼を受けた。これはカモフラージュの意図もあるが、そもそも子どもを預かる人が敬虔で信仰心の篤い人が多かったという事実にもよる。二〇一三年の独仏映画『二つの名前を持つ少年』は、ユダヤ人の少年がキリスト教徒のふりをしてポーランド人の農家を渡り歩いて生き延びる話だが、これは児童作家として名高いイスラエルのウーリー・オルレブが、ホロコースト生存者であるヨラム・フリードマンの実際の体験談を小説化した『走れ、走って逃げろ』(8)を映画化したものだ。映画のなかで主人公のユダヤ人少年がキリスト教徒の女性からカトリックの祈り方や習慣を教えてもらうシーンがある。ポーランドのように生活全般にカトリックの色彩の濃い国では、ふとした言動が出自を暴くため、細心の注意が必要であった。その意味では乳児の場合、ユダヤ的な環境を経験していない分、カトリック教徒として通用しやすかった。一般的には、割礼を受けているため出自が知れる可能性が高い男の子より、女の子のほうが、また既にイディッシュ語を話す子供より、まだ言葉自体つたない乳児のほうが、生き残る可能性が高かった。

子どもを預けた生みの親の多くは、生還しなかった。ポーランドではユダヤ人の死亡率が九割を超えていたため当然とも言えるが、それゆえに戦争が終わった時、誰が孤児となった子どもたちの養育権を持つのかという問いが現実問題としてたち現われてきた。

二　子どもの「救出」

1　終戦後の状況

ナチ支配下でキリスト教への改宗が増加している事実は、戦時中からユダヤ人共同体において問題視されており、なかでも教会や修道院が匿っているユダヤ人に改宗を奨励していると思われること、こうした場所では改宗が半ば保護の条件とされていることにユダヤ人指導者は危機感を抱いていた。また子供を預けた生みの親が生還しなかった場合、本人が自分の出自について知り得なくなることも予測されていた。このため、世界ユダヤ人会議（World Jewish Congress）やユダヤ機関（Jewish Agency）などの国際的なユダヤ人政治団体や、パレスチナの宗教指導者は、ユダヤ人の困難に乗じて教会が改宗への圧力をかけないよう、当時の法王ピウス一二世に声明を出すよう要請している[9]。しかしカトリック教会は、強制的な改宗は良くないが、いったん洗礼を受ければその者はキリスト教徒であるゆえ干渉できないという姿勢を崩さなかった。

ユダヤ人指導者が改宗問題に関して特に神経質になるのは、繰り返される強制改宗の歴史ゆえであった。なかでも「モルタラ事件」として知られる、一八五八年にイタリアでおこった強制改宗の事件が意識されていた。これはカトリックの使用人が雇い主のユダヤ人の子どもを勝手に受洗させ、教会は子どもがすでにキリスト教徒であることを理由に家族から引き離したのみならず、子の返還を求める家族に対して、法王自らがその子を養子とし、両親の元へ返すことを拒んだという事件である。当時のユダヤ世界はこれに大きな衝撃を受け、一九世紀後半にユダヤ人の権利擁護団体が生まれるきっかけとなった。こうした背景もあり、ナチ支配下における改宗も、キリスト教の名のもとになされた子供の「誘拐」に等しいという理解があった。つまり、ナチ・ドイツはユダヤ人を肉体的に破壊するが、教会は改宗によりユダヤ人の「魂」を奪うというのである。

ホロコーストの実態が徐々に明らかとなっていた一九四五年以降も、自主的な改宗者も状況に強いられて改宗した者も、等しくキリスト教徒であると考える教会の立場に大きな変化はなかった。自らの信念で改宗した者に対してユダヤ人団体が介入する余地はほとんどなかったが、問題は迫害という外的な要因により改宗した子どもたちであった。このため、一九四五年に入るとユダヤ人団体は具体的な計画を立て始めた。まず、世界ユダヤ人会議は「子ども委員会」を立ち上げ、その任務を次のように定めている。(1)子どもをキリスト教徒の家庭や施設から取り戻す。(2)身寄りのない子どもを支援する。(3)子どものための施設を開設する。(4)子どもがパレスチナやアメリカへ移住できるよう支援する。[10]

ただし、こうした活動には何よりも教会の支援が必要とされた。なぜならキリスト教的環境で暮らす子どもの大半が血縁者のいない孤児となっており、子どもの出自を知る者が残されていない場合は、彼らを見つけ出すのも困難であったためである。ユダヤ人の里子を見つけるには、村人の個人的な事情を知る司祭や、子どもの洗礼に立ち会った修道女らの協力が不可欠であった。このためユダヤ機関や世界ユダヤ人会議の使節は、一九四五年に数回ピウス一二世に謁見し、キリスト教徒のもとで暮らすユダヤ人の子供の「返還」と協力を求めている。さらに一九四六年三月にはパレスチナの首席ラビ、イサク・ヘルツォークがピウス一二世に会い、キリスト教徒の下で匿われたユダヤ人の子供の居場所を公表するよう、教区に教書を送るように要請したが、反応はなかった[11]。

ヴァチカンはユダヤ人改宗者に対する教会の姿勢を公的に示すことはなかったが、実際には一定の方針があったようである。一九四六年にヴァチカンからフランスの教会指導部に対して送られた文書には、教会やキリスト教徒の家庭が匿った子どもは、洗礼を受けている限りキリスト教徒であり、たとえ家族との再統合が阻まれたとしても、教会にとどまるべきであるとの見解が示されていた[12]。こうした認識が、教会の非協力的な姿勢の背景にあったことは間違いないだろう。

こうした状況においてユダヤ人の側は、子どもをユダヤ人社会に取り戻すことを、子どもの「救出（Rescue）」や「救済（Redemption）」と呼んでいた。これらの呼称には明らかに宗教的意味合いが込められており、異教徒に囚われたユダヤ人の解放を共同体の義務とするユダヤの教えと重ね合わされた。中世においては海賊に捕まったユダヤ人の解放のために共同体が実際に身代金を支払ったが、子どもの「救出」はこうした伝統に立つものと理解されていた。ただし、戦時中に命を懸けて子供を守った里親のもとから子供を「救済」するとは、いささかキリスト教徒の神経を逆なでするものでもあった。里親らの献身がなければ子供の命は確実に失われていたであろうから、ユダヤ人側も「救済」という言葉が表に出ないように気を使っていたようである。

教会が協力的とは言えなかったため、ユダヤ人の子どもを「取り戻す」には、各国政府が里子の届け出を義務づける立法措置を行うことが必要だと思われた。しかし、そのような法律を制定した国は一つも存在せず、対応は国によってさまざまであった。

例えばオランダでは里子の生みの親が戦争終結後一ヶ月以内に戻らなかった場合は、子どもの後見は国に移行することが法令化され、「戦争里子の後見人選定委員会（OPK）」が設立された。東欧の強制収容所等に送られたユダヤ人の場合、終戦後一ヶ月で国に戻ることは自身の健康状態や当時の交通事情によりほぼ不可能であったのだが、名乗り出る親がなければ子どもは遺棄もしくは放置されたとして、第三者に後見が移った。その後、戻ってきた親が子どもを取り戻すまでの長い道のりは、D・L・ウルフの『「アンネ・フランク」を超えて』が詳しいが、最終的にオランダでは三六〇〜五〇〇人ほどのユダヤ人孤児が非ユダヤ的環境に残ることになったという。(13) ここで後見を獲得したのは、戦時中にその子どもを匿っていたキリスト教徒の家庭が大半で、これらの場合、子どもはキリスト教徒として育てられたと思われる。

フランスでは、ドイツの占領以前から「子ども救援協会（Œuvre de secours aux enfants, OSE）」がドイツやオーストリアから逃げてくるユダヤ難民の子どもを世話する施設を運営しており、フランスの解放後はOSEが孤児となっていた彼らを保護した。一九四四年一二月の時点で、OSEは親が生死不明のユダヤの出自の子ども二五〇〇人について把握しており、うち子ども専用の施設で暮らしていたのが五四〇人、他の施設にいる者が三一〇人、残りはキリスト教徒の里親のもとにいると推測されていた。フランス政府は、一九四五年四月二〇日の法律で、フランス国籍・外国籍にかかわらず、親が政治的もしくは人種的理由で強制収容所等に移送され、生死不明となった子どもを国が保護し、後見人を任命することを定めた[14]。しかし、こうした措置に対する里親側の反発は強かった。一九四五年六月には子どもの移住を支援するシオニスト系組織「ユダヤ人子ども保護団体（Œuvre de protection de l'enfance juive, OPEJ）」が設立され、活動を始めたが、里親とユダヤ人団体の間で子どもを取り合う状況が多く発生した。

2 ポーランドにおける活動

キリスト教的環境に残された子どもの問題が最も深刻だったのが、ユダヤ人社会が壊滅したポーランドである。この国でユダヤ人共同体が復活するとはもはや考えられなかったため、子どもが修道院やキリスト教徒の家庭に残された場合、彼らは確実にユダヤ人社会から失われると思われた。終戦時、キリスト教徒の元で暮らしているとされた子どもの数は、推定で三〇〇〇人から五〇〇〇人とされた[15]。

このためソ連軍がポーランドを解放すると、ホロコースト生存者らは自分たちの生活もままならない時期から、ユダヤの出自の子どもの問題に取り組み始めた。最初に組織的な活動を開始したのがルブリンに拠点を置いた「ポーランド・ユダヤ人中央委員会」であり、これは共産党政府公認のホロコースト生存者の団体である。各地で生存者の登録を行い、その生活支援を行う中で、孤児と思われる子どもについても把握を試みた。生存者からユダヤ人新聞などを通して情報を集め、また一般市民に対してユダヤ人の子どもを届け出るよう呼びかけ、情報提供には報酬を約束した。

一九四五年末になると、パレスチナから送りこまれたシオニストが中心になり、「ユダヤ人の子どもを救済するためのシオニスト調整委員会」がウーチを拠点に活動を始めた。団体のヘブライ語名称にある「救済」という言葉に、この問題に対するシオニストの姿勢が如実に示されている。子どもをキリスト教的環境から取り戻すことは、まさに海賊に囚われたユダヤ人を解放する伝統に立つと理解されていたのだ。ただしポーランド語の組織名には「救済」の文字はなく、誰の耳にも当たり障りのない「子どもと青少年関連事項の調整委員会」と称していた。里親から子どもを「救出」し「救済」するとは、キリスト教徒には極めて攻撃的であったので、はばかられたのである[16]。

ただしシオニストは、子どもを「ユダヤ民族」の懐に取り戻し、彼らをユダヤ的環境でユダヤ人として育てることが重要だという認識において一致していた。したがってそのためには、子どもを「買い戻す」ことにも躊躇しなかった。現に里親のもとに子どもの引き渡しを求める際、これまでに里親が実際に支払った養育費という名目で金を渡すとスムーズにいくことがすぐに判明したからである。もちろん金にはそれまでの子どもへの援助に対する謝礼という意味合いもあったが、実際、子どもを受け入れたキリスト教徒の家庭も貧しかったため、金銭と引き替えであれば子どもを引き渡す里親は多かった。中にはユダヤ人団体の活動を聞きつけて、遠方から子どもを連れてくる者もいた。このため謝礼は、時間とともに高騰した。最初は子どもひとりにつき一万五千ズロチほどであったのが、一九四六年末には五万ズロチへ、翌年の後半には一〇万ズロチへと上昇した。中には、一〇〇万ズロチ以上が支払われた事例もあった。(17) ユダヤ人団体の活動は実際にかなりの資金が必要であったため、調整委員会は海外のシオニスト系組織の支援を受けていた。

時には引き渡しに激しく抵抗する者もいた。迫害から命がけで子どもを守ったという自負がある里親には、戦争が終わると生みの親でもないユダヤ人が現われて子どもの返還を求めるとは想像だにせず、また子どもへの愛情もあったので、様々な手段で引き延ばしを試みた。血縁関係をでっちあげたり、転居を繰り返したり、極端な例では子供を連れて蒸発した。このため里親とは粘り強い交渉が求められた。そんな時、支払いは子どもを失う里親に対する精神的な損害への「補償」としての意味合いも有していた。

子どもの引き渡しが話し合いと金銭的やりとりで実現しない場合は、子どもを無理矢理ポーランドから連れ去ることも時にはなされたようである。ある日突然子どもの親戚と称する者が現われ、そのまま子どもを連れて出国してしまう事例が少なからずあったことが、生存者証言などから知られている。[18] こうしたことが発生する背景には、戦後の混乱期における大規模な人の移動がある。ポーランドでは一九四六年の夏にキェルツェという街でポグロムが発生し、ホロコースト生存者が多数殺害されたことを機に、ユダヤ人がパニック状態で出国を始めた。行く先はドイツやオーストリアの難民キャンプで、ここでしばらく生活してから、大半がパレスチナやアメリカなどに移住していった。こうした人の流れに乗り、移動を始めた子どもの行方を知ることは困難であり、何年も後になって里親に届いた手紙で、子どもがパレスチナへ移住していたことを初めて知るような例もあった。子供には選択の余地のない「救済」も、ユダヤ人共同体では黙認されていたようである。ユダヤ人の間では、血縁者が子どもを養子にすることは伝統的になされており、特に孤児を養育することは大きな善行とされている。里親への愛情ゆえに子どもが一時的にユダヤ人共同体から遠ざかっていても、生みの親の思いを知れば、かならずユダヤ人共同体に戻ってくると考えられていた。

ユダヤ人による自発的な捜索活動に対して、ポーランド共産党政府は必ずしも敵対的ではなかった。政府はユダヤ人孤児を見つけ出すための法律を制定することこそなかったものの、道義的な観点からは、ユダヤ人団体による子どもの引き渡し要求に一定の理解を示した。例えばユダヤ人団体が里親に子どもの引き渡しを求めに行く際には、これが公的な措置であるような印象を作り出すために、警察官の同行を求めることがあったが、こうした要請に協力した。実際に、子どもの引き渡しには村全体が抵抗することもあったため、必要な措置であるともいえた。また、行政は血縁者が存在する場合は、その権利を里親に対し優先させた。どちらにせよ、ユダヤ人が自分たちで孤児を探し、自分たちの資金で面倒を見るというのであれば、政府としては認めない理由はなかったのだろう。

しかし当然のことながら子どもを手放そうとしない里親もおり、そうした場合は多くが訴訟となり、養育者として誰が最も適切であるか法に照らして個別に判断されることとなった。請求者と子どもの血縁関係の深さ、里親の経済状況、子どもの待遇などから総合的に判断され、必ずしもユダヤ人側が有利であったわけでもない。訴訟におけるユダヤ人側の当事者は、政府から公認されていた「ポーランド・ユダヤ人中央委員会」であったが、子どもと里親の関係が深く、里親からの引き離しが子どもにマイナスになると予測される場合は、委員会も強硬な姿勢に出ることはなかった。

しかし、中には長期にわたり親権が争われたケースもある。そのような事例を見てみよう。

3　イタ＝レア・イゲンフェルトの事例

ワルシャワ・ゲットーに暮らしていたラーヘル・イゲンフェルトは、夫を殺害された後、ゲットーを脱出し、一九四一年にルブリン近郊のブラネフで娘を出産してイタ＝レアと名付けた。密告を逃れるため乳飲み子と共に森で潜伏生活を開始するが、季節が冬に向かう中、寒さと栄養失調で子どもは弱っていった。子どもが生き残る唯一の手段はポーランド人に託すことだと理解したラーヘルは、一九四二年初頭、娘を服で包み、籠に入れて「洗礼済み、名前はレオンカ」というメモとともに農家の玄関先に置いた。幸い農夫がこれに気づき、一時的に保護し、その後イタ＝レアはヨゼフ・ピッチュという子どものない裕福な農民に引き取られ、スタニスワヴァとして育てられた。ラーヘルは終戦まで潜伏先から娘の居場所を追い続け、成長を見守り、戦争が終わると真っ先にピッチュの元にイタ＝レアを取り戻しに行ったが、後者はイタ＝レアとスタニスワヴァは別人であると主張し、引き渡しを拒んだ。ラーヘルは子供の背中のあざなど、生みの親でないと知り得ない情報を示したがピッチュは譲らなかった。

そうするうちに一九四六年夏にキェルツェでポグロムが発生し、多数のホロコースト生存者がポーランド人により殺害された。ドイツ人が撤退した後もユダヤ人の身は安全ではないことが明らかになったのであり、ラーヘルは多くの生存者と同様にポーランドを離れ、ドイツの難民キャンプで生活した後、カナダへと移住した。ラーヘルはカナダで同じようなポーランド出身のホロコースト生存者と再婚し、新たな家庭を築いた。

カナダに渡った後もラーヘルは娘を取り戻す闘いを続け、様々な回路を試みたがうまくいかず、とうとうカナダから裁判を起こした。カナダとポーランドのユダヤ人コミュニティのみならず、世界ユダヤ人会議などの国際団体の支援も受けた裁判となった。長い法廷闘争の後、一九五〇年代半ばにようやく親権が認められ、ついにイタ＝レアはカナダの母親のもとに送られ、再会を果たした。しかしこの時すでに十代半ばとなっていた娘は、もはや手放したときの乳児ではなかった。娘は、ユダヤ教への回帰を求める母親と折り合うことはなく、数年後自らの意志でポーランドへ戻り、現地で結婚した。母ラーヘルの死後にイタ＝レアは配偶者と共にカナダへ移住したが、彼女がユダヤ教とユダヤ人の共同体に戻ることはついになかった。[19]

この事例が示すように、里親やキリスト教的な環境からの引き離しは、子どもに深いトラウマを残すことがあった。里親の元を離れようとしない、また少なからず反ユダヤ的なポーランドのカトリック社会で成長したために、ユダヤ人に「なる／戻る」ことを拒否する子どもも多かった。[20] 戦時中、子どもにとって「ユダヤ人」であることは蔑視の対象であるのみならず、まさに命の危険をもたらすものであったため、里親との離別とユダヤ的環境への移行は大きな困難を伴った。特に里親の家を出た後の受け入れ先がユダヤ人の孤児院である場合、子どもは「捨てられた」と感じ、さらに傷を深めた。まったく血縁者が存在しない場合、彼らは施設で暮らし、法的に成人に達した時点で自らの意志で残留もしくは移住を決めることとなった。ポーランドでキリスト教的環境から取り戻された子供の数は、二〇〇〇～三〇〇〇〇人とされている[21]。

同時に、子どもとの離別は、里親にも大きなトラウマを残した。もちろん別れた後も両者が良好な関係を続けることもあり、中には移住する子どもに里親が付き従って、ともにヨーロッパを離れるケースさえあった。しかし、我が子のように愛情を注いで育てた子どもを、血縁があるというだけで、遠い国の見ず知らずの人間に引き渡すことを断固拒否する里親がいたとしても驚きはない。子どもの引き渡し要求に直面し、子どもをユダヤ人団体から隠し、連れ去った者もいる。

例えばフランスではフィナリ兄弟の「誘拐事件」がある。これは両親を絶滅収容所で亡くしたオーストリア系ユダヤ人のロベールとジェラール・フィナリ兄弟を終戦まで匿った女性が、戦後兄弟の叔母による引き渡し要求を拒否し、訴訟となるなかで起こった事件である。このキリスト教徒の女性は、戦時中一〇人を超えるユダヤ人の子どもを匿った人物でもあるが、兄弟に洗礼を受けさせたのみならず、引き渡しを逃れるためにスペインに連れだしたため、国際問題となりメディアの注目を集めた。フランスのカトリック教会の介入もあって、兄弟は一九五三年になって解放され、最終的にイスラエルの血縁者のもとへ送られた[22]。

　また、オランダではアネケ・ベークマン事件が知られている。正統派ユダヤ教徒の家庭に生まれたアネケは、オランダの抵抗運動を介してカトリック家庭（ファン・モールスト家）で匿われて生き残ったが、アネケの両親は絶滅収容所ソビブルで死亡した。戦後アネケの後見はユダヤ人団体に託されるが、里親はアネケを一九四九年に受洗させ、ベルギーの修道院に隠した。里親に対し未成年者略取で民事訴訟が起こされ、アネケの「誘拐」にカトリック聖職者が関与していたことが明らかとなるも、裁判中にアネケは再び行方知れずとなってしまった。一九六一年になって成人したアネケ本人が姿を現し、自分の意志で洗礼を受けたと断言した[23]。

　どちらの事例も教会の関与が問題視されたため、ユダヤ人が子供を取り戻すことの正当性が示された形となったが、逆に言えばこうして社会的な注目を浴びることがなければ、子供たちのキリスト教社会への残留はさほど問題視されなかったともいえる。

おわりに――「ユダヤ民族」という疑似母

子どもの「救済」に携わった者たちを突き動かしたのは、子どもにこそユダヤ世界の将来がかかっているという理解であった。ヨーロッパのユダヤ人社会が崩壊し、ユダヤ世界の中心がパレスチナやアメリカに移る中で、彼らにユダヤ教の教育を与え、「ユダヤ人」として、民族的・宗教的自意識を持たせることには、まさに集団の生き残りがかかっていたと言って良い。ここにおいては、ユダヤ人社会を一種有機的かつ血縁的な共同体として捉え、共同体がホロコースト孤児の集合的「母」としての役割を担うことが含意されていた。実際に子どもたちはキリスト教徒の家庭から「取り戻された」後、イスラエルへと渡り、キブツなどで集団生活を送ることになるが、まさにキブツが疑似家族として、イスラエルが代理母として、こうした孤児に責任を持つとされたのである。

しかし、ユダヤ世界には孤児を共同体が育てる「伝統」はあるが、共同体が主体として親権を持つ近代国家の「法」はない。孤児の「返還」を要求するユダヤ人団体の「権利」

とは、ホロコーストゆえに非ユダヤ世界が認めざるを得なかった道義性に立つもので、法的にはユダヤ人という集合は子どもに対していかなる権利も持ち得ない。それにもかかわらず、ユダヤ民族という集団を所与のもととして捉え、これに集合的な権利を付与する思想は、ホロコースト後のユダヤ世界でこれまでになく強まった。

このような集団主義は、孤児となった子どもたちの親権の問題――つまり子どもが誰に「属すか」といった問題――のみならず、様々な局面で前面に押し出された。ここでは当時のユダヤ世界の強いシオニズムへの傾斜を背景に、イスラエルが崩壊したヨーロッパのユダヤ人社会の精神的・物的「相続人」と位置づけられ、これが権利主体とみなされた。例えばヨーロッパに残された相続人不在の残置財産に対して「ユダヤ民族全体」が相続権を有するとされたが、実際にこれをイスラエルへ移転して、ユダヤ民族の再生に利用する政策がとられた(24)。

ユダヤ世界全体が共同体として運命を共有するという集団主義においては、個人としての権利や福利は全体としての利益に道を譲る傾向にあった。当時、ユダヤ民族全体の利益とは、ヨーロッパではなく新しい土地で、つまりイスラエルで共同体を再建することに他ならなかった。そのための人的・物的資源が必要とされたのであり、孤児に代表される移民はまさにその人的資源にほかならなかった。このためキリスト教的環境から取り戻された彼らは、現地の非ユダヤ人社会への再統合を目指すのではなく、移住して新しいユダヤ人国家の礎となることが当然のこととして期待されていた。

しかし、キリスト教徒の家庭や修道院で生き残った者の中には、自らの意志で里親のもとにとどまり、必ずしも洗礼を強要されていない者たちも含まれていた。里親と深い愛情に基づいた関係を結んでいる場合も多く、こうした場合は他人に近い血縁者よりも、むしろ養育の実績があるという点で、里親と子どもとの関係性はより深いと言えた。実際、オランダでキリスト教徒の家庭で匿われて生き残った子どもたちを追跡調査したダイアン・ローレン・ウルフは、子供たちはユダヤ人の孤児施設に移されるよりも、里親のもとに残ったほうが、明らかに幸福な生活を送ることができたであろうと結論している。ただし、同時にウルフは、彼女がインタビューした者たちに限定しながらも、里親の下にとどまった者の多くは後にユダヤ人共同体に復帰したと指摘している[25]。

結局、キリスト教に改宗した子供にとっての「最善の利益」とは何だったのかという問いは残る。子どもを「民族の懐」に取り戻すという使命においては、個人としての子どもの福利という観点は、全体としてのユダヤ民族の再生という大義の前に後退した。本当は個々のケースでどのような対応が最も望ましいのか見極める必要があったのだが、実際には子どもの意志や希望は二の次であった。戦後の混乱やユダヤ人生存者のヨーロッパからの大移動の中では、そのような配慮は現実的には困難であったとも言える。オランダのケースを基にウルフは次のように指摘している。「多くのかくまわれた子供たちはユダヤ人としての帰属意識をはぐくんでゆくことにはならず、キリスト教徒としての帰属意識を持ち続けるか、あるいはキリスト教徒にもユダヤ教徒にもならないか、のいずれかであった。」[26] イスラエルに送られキブツの集団生活の中で成長した孤児たちは、確かにユダヤ的な環境に身を置きはしたが、宗教全般から遠ざかり、むしろ世俗的な人生を送る者が多かったという。その意味では、ユダヤ人の国民国家は確かに「ユダヤ人」を取り戻したが、それはキリスト教世界から「ユダヤ教徒」が取り戻されたことを意味していたわけではなかったのかもしれない。

最後に、ホロコーストという暴力によって、家族のみならず伝統や宗教、歴史といった、人間をつなぐものから切り離されるということについて考えてみたい。その糸口となるのは、二〇一三年のポーランド映画『イーダ』である。これは、自らの出自を知らぬまま修道院で育てられた女性が、名乗り出たユダヤ人の叔母と共に殺害された両親の遺骨を探す旅に出る話だ。それまで神に人生をささげ、修道院で暮らしてゆくことを疑問視していなかった彼女が、自分の家族について知ることで小さな迷いが生まれる。遺骨を探す中でポーランド人の隣人の裏切りや沈黙を知り、ホロコーストにより狂わされた人生の重さを知ることになる。最終的にイーダは修道院へと戻ってゆくのであるが、このように自分の出自を知らぬまま、キリスト教徒として戦後を生きた人の数を私たちは知ることはない。自分がどのような世界から切り離されたのか、それまで自分がいた場所はいかなる精神性や伝統のなかにあったのか、これに対する認識もないまま、暴力により移植された場所で成長するということは何を意味しているのか。私たちが知りえないこうした事例に考えをめぐらす時、ホロコーストがヨーロッパ社会に、そしてユダヤ教とキリスト教の間に残した傷に、再び愕然とさせられるのである。

注

（1）ポーランドでキリスト教徒の家庭や施設で匿われたユダヤ人の子どもに関する研究が近年相次いで出版されている。本稿ではポーランドに関しては以下の二冊に依っている。Emunah Nachmany Gafny, *Dividing Hearts: The Removal of Jewish Children from Gentile Families in Poland in the Immediate Post Holocaust Years*, Jerusalem: Yad Vashem, 2009; Nahum Bogner, *At the Mercy of Strangers: The Rescue of Jewish Children with Assumed Identities in Poland*, Jerusalem: Yad Vashem, 2009.

（2）本稿ではナチの人種的な定義によりユダヤ人とされた者を「ユダヤ人」と括弧付きで表し、民族的・宗教的アイデンティティから自分をユダヤ人と考える者には括弧を使わず表記する。

（3）長田浩彰『われらユダヤ系ドイツ人――マイノリティから見たドイツ現代史1893-1951』広島大学出版会、二〇一一年、二六二―二六三頁。

（4）武井彩佳『戦後ドイツのユダヤ人』白水社、二〇〇五年、一九―二七頁。
（5）ルーファイゼンについては、以下を参照。Nechama Tec, *In The Lion's Den: The Life of Oswald Rufeisen.* Oxford University Press, 1990.
（6）武井、前掲書、四五頁。
（7）フリートレンダーの自叙伝を参照。Saul Friedländer, *Quand vient le souvenir…,* Paris: Éditions du Seuil, 1978.
（8）ウーリー・オルレブ著、母袋夏生訳『走れ、走って逃げろ』岩波少年文庫、二〇一五年。
（9）Bogner, p.210.
（10）*Ibid.*, p.222.
（11）*Ibid.*, p.212.
（12）ダイアン・ローレン・ウルフ『「アンネ・フランク」を超えて――かくまわれたユダヤ人の子どもたちの証言』岩波書店、二〇一一年、一一八頁。
（13）同書、一〇六―一一四頁。

（14）Renée Poznanski, *Jews in France During World War II*, Waltham: Brandeis UP, 2001, pp.468-469.
（15）Bogner, p.223; Gafny, p.310.
（16）Bogner, p.236; Gafny, p.124.
（17）Gafny, p.134.
（18）Margarete Myers Feinstein, *Holocaust Survivors in Postwar Germany, 1945-1957*, Cambridge: Cambridge UP, 2010, p.161.
（19）Gafny, pp.351–365.
（20）例えば以下を参照。Dalia Ofer/Francoise S. Ouzan/Judy Taydor Baumel-Schwartz, eds., *Holocaust Survivors: Resettlement, Memories, Identities*, New York: Berghahn, 2012, p.65.
（21）Gafny, p.310.
（22）Poznanski, p.469.
（23）ウルフ、一一六―一一七頁。

(24) 民族による財産の集団的相続権については、武井彩佳『ユダヤ人財産はだれのものか――ホロコーストからパレスチナ問題へ』白水社、二〇〇八年を参照。
(25) ウルフ、三四九頁。
(26) 同。

二〇一八年度　聖書講座　シンポジウム

ユダヤ教とキリスト教

日　時　二〇一八年一一月一七日（土）
会　場　上智大学中央図書館九階九二一会議室
登壇者　髙橋　洋成（東京外国語大学　アジア・アフリカ言語文化研究所特任研究員）
志田　雅宏（日本学術振興会特別研究員）
武井　彩佳（学習院女子大学教授）
司　会　竹内　修一（上智大学教授）

竹内　それではこれから一時間ほどですが、シンポジウムを行いたいと思います。先生方、それぞれいろいろな質問があるようです。まず、志田先生の方から、髙橋先生にいくつか質問があるとのことですので、よろしくお願いします。

黙示文学としての福音書

志田　よろしくお願いします。三つぐらいに絞ってお聞きしたいと思います。個人的に一番関心があるのは、福音書がどういう書物かということです。髙橋先生のご講演の中で、黙示文学であることを表すための翻訳ギリシア語の話がありました。新約聖書は、なぜギリシア語で書かれたのかという問題です。これは髙橋先生のご意見だと思いますが、程度の差はあれ、翻訳ギリシア語で書かれた福音書は黙示文学として読まれることを意図している、とのことでした。そこのところをもっと教えてください。

というのは、みなさんご存知のとおり、福音書には記者がいるわけですが、彼らはイエス時代の人々ではありません。後の時代の人々です。つまり、イエスについて語られたいろいろな伝承をもとに、記者がそれらを再構成して福音書を書くわけです。だとすれば、黙示文学としての要素はいつ入ってきたのでしょうか。すでに伝承の段階で存在していたのでしょうか。それとも、もともとはそれほど黙示性のない伝承を、福音書の記者たちが黙示文学に仕立てたのでしょうか。ようするに、イエス伝承を黙示文学にしたのは誰なのか、という問題が一番気になりました。

高橋　そもそも黙示文学とは何か、という定義の問題に入りますと、泥沼になりますので、今回はその点は避けさせていただきます。黙示文学という言葉で私が意図していたのは、「目に見えるものが全てではない」という意味です。目に見えるものの、さらに奥にある何かを悟らせようとする文書という意味で、黙示文学という言葉を使いました。たとえば、最近少し論争になっているのがマルコの福音書です。あれは一番最初に書かれた素朴な文体の、イエスの活動記録であると言われております。しかし、翻訳ギリシア語がかなり強い、というところに注目しますと、非常に黙示文学的なのです。決して素朴なイエスの伝記ではない。はっきり言うとよくわからない書なのですね。では、マルコはそれを通して何を言わんとしているか。イエスの地上での生活、それを通して、その裏にあるもの、奥にあるものを悟れ、と言っているのだと私は思います。だから、復活というのも、そのままでは書かれていません。マルコの福音書は、もう一度最初から読み直すことで、ガリラヤで起き上がった（復活の）イエスに出会うという、少々複雑な構成になっています。それはまた別の機会にお話したいと思います。ですから、イエスの地上の生活を通して、奥にあるものを悟れというのが、ここで私が意図した黙示文学としての福音書です。どの段階でそう仕立てられたかはよく分かりません。

竹内　今思い出したのですが、明日のミサの朗読が、マルコの一三章になっています。その中の二四節から三二節は、小黙示録と言われることもあります。ご参考のために。志田先生、どうぞご質問を続けてください。

アラム語とヘブライ語

志田　二つ目は、異なる言語の価値の問題です。髙橋先生は、古典語と日常語のステータスの違いという観点から、アラム語と聖書ヘブライ語についてご説明されました。アラム語は父祖たちの言語であり、ヘブライ語はいわゆる宗教的な言語であるということだと思うのですが、その二つの言語の関係がどのようになっているのかということです。

もう一点、タルムードの中の話として、アラム語が妻に通じなかったラビのエピソードが出てきました。これは、タルムードに収録されている、とある夫婦のただの微笑ましい話なのでしょうか。それとも、アラム語の言語的な価値について、ラビたちがなんらかの意見を持っていたことを示すエピソードなのでしょうか。アラム語とヘブライ語の関係はどんな感じだったのか、というのが二つ目の質問です。

高橋　まずヘブライ語に関してですが、おそらく紀元前二世紀以降、イスラエルの言語はヘブライ語である、という意識がかなり高かったであろうと思われます。かつ、そのヘブライ語とは聖書のヘブライ語です。聖書のヘブライ語が最も聖なるもの。だから、クムランの人たちは、その聖なる言語をミシュナ・ヘブライ語という、ちょっと崩れた日常語で解き明かすことを嫌っていたようです。一方、アラム語というのは父祖の言語、先祖の言語以上のものではない。と言いますのは、紀元前一世紀からしばらくの間、アラム語の文学というものがほとんど見当たらないからです。二、三くらいしかありません。ですから、アラム語で神学や宗教、哲学を語ろうとはあまりしていなかったようです。かつ、一世紀というのはアラム語の移行期であり、ようやく文学的な様式言語ができるのは二世紀、三世紀以降になります。ですから、イエスの時代は、アラム語はまだ文学的な言語ではなかったと考えられます。

タルムードのラビの話は結婚と離婚に関するものです。たとえ言葉が通じなくても、夫の意思に忠実であろうとする妻への祝福ですね。アラム語に対するラビの意見というわけではありません。

死海文書が書かれた言語

志田　もう一つだけ小さな質問です。死海文書の発見によって状況が大きく変わったという話でしたが、その死海文書の大半はやはりヘブライ語で書かれたものでした。しかし、私が驚いたのは、ごく少数ながらラテン語の文書も見つかっているということです。また、ギリシア語やアラム語の文書も見つかっているそうですね。たとえば、発見されたギリシア語文書の一つが再婚許可証でした。再婚を認める文書のことですね。再婚の許可証というのは法的な文書に見えますが、基本的には宗教的な儀礼にかかわる文書だという理解でよいかと思います。では、ラテン語の方はどうなのでしょうか。死海文書の中から少数ながら見つかったというラテン語の文書とはどういう種類のものなのでしょうか。宗教的なものなのでしょうか、そうでないのでしょうか。

自分の単純な興味ですが、教えていただけたらと思います。

髙橋　ラテン語の文書に関しては、かなり断片化しておりまして。中身はよくわからないのですが、何らかの事務書類であったろうとは思われます。経済活動に関わる何らかの文書、それが死海周辺でも見つかっているという感じでしょうか。

志田　宗教的なものではない、と。

髙橋　宗教的なものではまったくないです。

竹内　ありがとうございます。それでは、武井先生、何かご質問はありませんでしょうか。

イエスは何語で話したか

武井　はい。私は、イエスが何語を話していたかということは、どういう意味で重要になってくるのか、その点について教えていただきたいと思います。

髙橋　これに関しては、学者的な関心と、宗教的な関心と、あとは政治的な関心と、各方面からの関心がありうると思います。私自身としましては、やはり、イエスという人がどういう人だったのか。たとえば、講演で申しましたが、ガリラヤ周辺はギリシア語とアラム語が強い地域でした。一方、エルサレムなど外から来た人たちとはヘブライ語で、あるいはシナゴーグでの宗教的な会話も、ヘブライ語でしていただろうと思われます。福音書を見ましても、イエスはアラム語で話したと考えた方がよいものと、ヘブライ語で話したと考えた方が語呂合わせがうまくいくだろうというものがあります。もしかして、イエスはピラトと通訳なしで、ギリシア語で話したのではないだろうかと思われる箇所もあります。

たとえば、ペトロのあだ名、ケファ。これは明らかにアラム語由来です。イエスが名付けたケファ、「岩」という意味です。一方で、ヤコブとヨハネの兄弟のあだ名、ボアネルゲス。「雷の子ら」という意味です。ボアネルゲスは、「雷の子ら」を意味するヘブライ語のブネ・レゲシュと、ギリシア語のボアン、つまり「叫ぶ」という意味の言葉の語呂合わせになっていると言われています。つまり、イエスはヘブライ語とギリシア語の語呂合わせを使ってあだ名をつけた、ということになります。

ちなみに社会言語学の視点からすると、バイリンガルの人というのは、勝手自由に言語を切り替えるわけではありません。相手との関係性によって言語を切り替えるのです。家族とは何語で話す、友達とは何語で話す、商売仲間とは何語で話す、まったく知らない人とは何語で話す、このような関係性のことをドメインと呼びますが、ドメインによってイエスが言語を切り替えているとしたら、という観点から、マタイ福音書を分析した論文もあります。

竹内　ありがとうございます。それでは、せっかくですから髙橋先生の方から、ご質問をどうぞ。

ユダヤ教文学における対抗文学

髙橋　質問というよりは、志田先生のご講演に関する感想になるのですけれども。ユダヤ人が、少数派コミュニティとして多数派の中に生きていく。そのために、自分自身のアイデンティティや自分たちの共同体のアイデンティティを保つために、対話文学や対抗的な文学を作る。これは、旧約聖書も同じようにして作られたのではないかと思ったわけです。たとえば、旧約聖書の中には、ペルシャに対する悪口はまったくないのです。その一方で、ギリシア（ヘレニズム）文明に対する悪口は、結構、書かれています。そういうのを見ると、歴史が繰り返しているのではないかという感想を抱いたのですが、その辺はいかがでしょうか。

志田　ありがとうございます。いわゆる対抗的な文学、つまり相手を想定して論争するという形式は、ユダヤ教文学では比較的新しいものです。聖書については髙橋先生がお詳しいので、私から申し上げることはありませんけれども、キリスト教世界では『ユダヤ人トリュフォンとの対話』がすでに二世紀に書かれています。つまり、ユダヤ人と論争するという形でキリスト教という宗教の輪郭を作っていくような文学的伝統は、ずっと昔からあるのです。それで、もし『ユダヤ人トリュフォンとの対話』が実際の対話だったとすると、同じ時期にユダヤ人の側でも同様の文学作品があっても何ら不思議ではありません。ところが、ユダヤ教の側では、そういう文学が出てくるのはなんと一二世紀ぐらいからです。『ユダヤ人トリュフォンとの対話』から千年も経って、ようやく文学として成立するようになったということです。もしかしたら、私たちが知らないだけで、もっと前からあったのかもしれません。実際には一二世紀よりも前に、いわゆる対話形式で書かれたユダヤ教の護教論としての論争文学が見つかっています。『ネストル・ハ＝コメル』という、ユダヤ・アラビア語原典の著作です。ただ、これはかなり例外的です。論争という形でキリスト教を批判し、それによってユダヤ教を信じる人たちを守る護教論的な作品が出てくるのは、キリスト教に比べてとても遅い時期だということです。そして、聖書の中の文体をどれくらい意識しているのかについては、正直なところあまりわかりません。むしろそれよりは、おそらくキリスト教の伝統の中にある護教論的な文学作品についての知識を、ユダヤ人が少しずつ身に付けていったのだと思います。おそらく、キリスト教文学における「アドウェルスス・ユダエオス」の伝統を、ユダヤ人の側も取り込んでいったのではないかということです。目的は違うかもしれない、正統的なユダヤ教を作るという目的はなかったかもしれない。だとしても、キリスト教文学の中に対話的な論争作品があり、それに影響を受けつつ対抗していくことで、少しずつユダヤ教文学の中にも同様の作品ができていったという感じがします。

ユダヤ文学へのキリスト教の影響

竹内　志田先生の最初のご紹介が、たしか、『トリュフォンの対話』でしたよね。ほぼ同時代に、リヨンのイレネウスが、『対異教徒大全』を書きました。管見ですが、異教徒をどのように整理していくか、そのことが、結局、教理の発展につながって行きます。中世の盛期になると、トマスが『神学大全』を書きますが、その形式は討論形式となっています。このようなことは、ユダヤ教にも、おそらく、何がしかの影響を与えていたのでしょうか。

志田　その最適な例は、ヤコブ・ベン・ルーベンという人です。もしかしたらヤコブの創作なのかもしれませんが、ユダヤ人である彼の師匠は、なんとキリスト教徒なのです。ヤコブ・ベン・ルーベンは『主の戦い』という本の序文で、次のように書いています。自分はキリスト教徒たちが住んでいるある街にいて、その時にある神父と仲良くなり、彼の下である知恵を学んだ、と。その「知恵」が何なのかは教えてくれないのですけれども、おそらくラテン語と聖書ラテン語訳『ウルガータ』だったはずです。ここにはヤコブの創作も含まれているかもしれませんが、事実として彼はラテン語を読むことができ、ウルガータを読むことができた人物だったわけです。作中に出てくる神父が彼の師匠だったのかどうかはわかりませんが、ヤコブ・ベン・ルーベンが『主の戦い』という作品を書くにあたって、彼にラテン語とウルガータ、いくつかのキリスト教の教父の作品を教えたキリスト教徒の知識人が間違いなくいたはずなのです。

この作品が面白いのは、ヤコブが自分の先生であるキリスト教徒の神父と対話をする形式だという点です。彼らが話題にするキリスト教の文学作品の中には、ユダヤ教に対する論駁書も間違いなく入っていたでしょう。このヤコブと同時代に、ギルベルトゥス・クリスピヌスというキリスト教の神学者が、ユダヤ人とキリスト教徒の対話篇の作品を書いています。ヤコブ・ベン・ルーベンの作品には、このクリスピヌスが書いた討論仕立ての作品がほぼそのまま引用されています。つまり、ヤコブは自分の作品を書くにあたって、同時代のキリスト教徒が書いた論争形式の論駁書をとてもよく知っていたのです。もちろん、ヤコブのような人はかなり例外的だったのかもしれません。ただ、後代になると彼のような知識人は徐々に増えていきます。たとえば、ドゥランというユダヤ人も、キリスト教のことをとてもよく知っていました。彼は聖餐における実体変化について書いているのですが、その記述を見ても、あるいは聖餐という秘跡に対する批判的な考察を見ても、ドゥランがキリスト教内部の議論をよく知っていたことがうかがえます。ユダヤ教の論争文学の著者の中に、キリスト教の文学伝統や教義、同時代のキリスト教内部の神学的な論争に詳しかったユダヤ人が少なからずいたということです。

共同体から生まれた聖書

竹内　ありがとうございます。言語といっても、文字として書かれた言語もあれば、語りとしての言語もありますよね。聖書は、旧約にしても新約にしても、共同体を抜きにしては生まれて来なかっただろうと思います。そのあたりについて、どなたか、もう少し語っていただけないでしょうか。

髙橋　そうですね。前一世紀から一世紀あたりに、ユダヤ人が言葉というのをどう捉えていたか。かなり難しい問題ではあるのですが、一つには、知恵との結びつきが挙げられます。大雑把に言いますと、初期のユダヤ思想には言葉について二つの見方がありました。一つは預言です。神から預かった言葉。それから、もう一つは知恵。つまり、その預言を読み解く知恵ということです。ある意味、旧約聖書からユダヤ教への変遷というのは、神から預かった言葉を、知恵によって解釈する賢者の群れへの変化であり、共同体の変化です。ですが、やっぱり必要なのは、預言と知恵のどちらも「神の霊が宿っている」ということです。ですから、神の霊、神の言葉、神の知恵というのは、非常に似通った意味で使われていく。これは元々知恵文学、つまり箴言とか詩篇などの特徴であったのですが、それが新約の時代に近付くにつれて拡大されていきます。ですから言葉、特に神の言葉というものが、神の知恵、神の霊と深く関わっているということは確認できると思います。

神の名を学ぶ――神の名を唱える

志田　中世のユダヤ人の言語観を、ある意味如実に表しているのが、講演の後半で扱った『トルドート・イェシュ』という作品です。『トルドート・イェシュ』には神殿からイエスが神の名前を盗み出すというエピソードがあります。イエスが何をしたかったのかというと、神の名前を学びたかったのです。では、神の名前を学ぶとは、どういうことなのでしょうか。それは具体的には、神の名前の発音の仕方を学ぶことです。その証拠となるのが、イエスの最後の悪あがきのシーンです。自分が処刑された後、木に吊るされることがわかっていたイエスは、あらかじめ木に呪文をかけておきます。その呪文とは、神の名前を唱えることなのです。

ヘブライ文字を声に出して唱える、音読するという文化を、ユダヤ人はとても重要視しています。『トルドート・イェシュ』では、神の名前を唱えることが、神のパワーを引き出すための手段となっています。私はイスラエルのヘブライ大学に留学していたのですが、ヘブライ大学では授業に出席すると、みんな音読をさせられます。たとえば、中世のユダヤ教の哲学についての授業があるとしますね。すると、授業では中世の哲学書のテクストの一部が配られて、学生さんがそれを音読するのです。読むことによって理解する、という感じです。ヘブライ語という言語は、文字を黙読しているだけでは理解ができないというのでしょうか、声に出して読むことが大切だという言語観が今も昔もあるように思います。音読文化が重視されることは、イスラエルに行ってみるとすごくよく分かります。それほどユダヤ教に熱心でない、いわゆる世俗的な学生さんたちの間でも、声に出して読むことが大事なのだという姿勢がよく見受けられて面白いと感じます。

髙橋　ヘブライ語で文法のことを דקדוק（dikduk）と言うのですが、これは元々、「正しく読む」という意味なのですね。テキストを正しく読む、そのためには文法が必要。そういうところから、文法学というものが中世に生まれました。志田先生が挙げてくださったヨセフ・キムヒの息子が、ヘブライ語学の大文法家ですね。今でも影響力を持っている大文法家です。

竹内　日本でも、読書が今のように黙読するという形になったのはごく最近のこと、と聞いています。「子曰く」ではないですが、元々は声に出して読むわけです。それによって内容が、少しずつ自分の中に入ってくるのだと思います。志田先生の方から、武井先生に、何か質問があるようですのでお願いします。

ユダヤ人の改宗問題

志田　武井先生のお話で面白かったのは、特に子どもの問題ですね。先生は、ユダヤ教からの改宗者、改宗した子どもについての研究が最近スタートした、とおっしゃっていましたが、どういう人が研究をしているのでしょうか。ユダヤに限らず、もしかしたら日本のケースなども当てはまるのかもしれませんが、戦後の孤児について様々な事例を研究したい人が、こういうユダヤの例を取り上げているのでしょうか。そうではなくて、武井先生のように、近現代の政治の歴史を研究している人たちが、こういう改宗の問題を研究しているのでしょうか。つまり、最近スタートしたというその研究を、どういう人たちが、どういう関心を持っておこなっているのかを知りたいと思いました。

武井　まず、同じ時期に特定の集団から相当数の孤児が発生した事例は、たぶんホロコースト以外にはないのですね。完全に親類縁者が不在となった、そういう歴史的な事件というのは、たぶん、ほぼありません。ですから、この問題を研究する人間というのは、もちろんホロコーストから入るということです。ただ、何の関係で最近注目されるようになったかというと、記憶研究やトラウマ研究です。ホロコースト生存者の第一世代、これがホロコーストを本当に生き抜いた人たちなのですが、そういう人たちが退場していくわけですね、亡くなっていく。そこで、一・五世代という分類の人たちに注目が集まるようになる。この一・五世代というのが子ども時代にホロコーストを経験した人たちなのです。そして、二世代というのはホロコースト生存者の子どもたちで、それ以降の三世代は孫たちです。

ホロコースト経験者の記憶、もしくはトラウマが世代を越えて継承されていくというところから研究は始まっています。研究は精神分析や心理学の分野でもなされています。他には文学ですね。メモワールがかなり書かれたので、ホロコースト文学の分野でも研究されている人がいます。先ほどお話しいたしましたように、隠された、匿われた子どもや、キリスト教徒になってしまった子どもに関しては、文字資料が基本的には残らないので、オーラル・ヒストリーの研究として、歴史の分野に登場してきました。そのオーラル・ヒストリーの位置付けですが、これまで紙に書かれたものを研究するという伝統的な歴史学の中で、オーラル・ヒストリーはかなり周縁的な場所にあったということもありまして、なかなか研究が始まらなかったというのが事実かと思います。

志田　先生はご講演の中で、イスラエルに送られた孤児たちの中には、どちらの宗教からも遠ざかり、世俗的な人生を送る者が多かった、とおっしゃいました。これはまったくの推測でしかないのですが、孤児の皆さんが宗教そのものに対する失望とか、宗教の違いによって自分たちが振り回されたことに対する疲弊みたいなものを感じていたのかもしれない、と思いました。それに関連して、イスラエルで世俗的な生活を送り始める人について、最近のケースを思い浮かべます。イスラエル社会の中には、たとえば超正統派のような、宗教的な家庭で育ったユダヤ教徒の方々がいますよね。超正統派のグループではたくさんの決まり事があり、私たちから見ると、とても堅苦しい生活を子どもの頃から、いや、生まれてからずっとやっていくわけですが、ある時その生活が嫌になって、他のイスラエルの若者のように世俗社会で暮らしたいと言って、家を飛び出す人たちがいます。超正統派の若者たちの中に、自分たちの宗教的な生活を嫌って、世俗社会の自由な生活をしたいという人たちがいるのですね。ただ、彼らは孤独に苛まれることが多い。なぜかと言うと、もと居た超正統派の家庭から縁を切られてしまって、極端な場合、もう自分の家族の中では亡くなったも等しいというようなことを言われて、家族と分断されてしまうからです。また、今までずっとその超正統派の社会で暮らしていたので、いざ世俗の社会に出て行ってみると、どう暮らしていいのか分からず、孤独に苦しむケースも多いです。今のイスラエル社会では、超正統派の閉鎖的なグループから社会に出て来たものの、孤独に陥ってしまって生活に困っている若者たちを支援する組織があります。たとえば、大学に入る手伝いをしてあげたり、イスラエルには兵役義務がありますが、その兵役をちゃんとやりなさいとアドバイスしたりして、生活の自立を後押しするというわけです。先生が紹介された孤児たちはもっと以前にイスラエルに来ているので、比較できるかどうか分からないのですが、世俗的な人生を送り、場合によってはトラウマを抱えることもあった彼らを支えるための社会的な援助や支援組織が実際にあったのでしょうか。それを知りたいと思いました。

武井　はい。イスラエルに送られたあと、比較的、世俗的な生活をする人が多かったというのがなぜかというと、まず、孤児ですので、大抵はキブツなどに入れられるのですね。そうすると、もう宗教から切り離されているというのと、宗教の代わりに疑似家庭みたいなものがキブツの中にあるわけです。それと同時に、孤児として向こうに着いても、すぐに戦争で徴兵されたりして、とにかく生きていくだけで精一杯ということで、必然的に宗教から離れてしまう人が多いようですね。ただ、ヨーロッパに残った人は、やっぱり常に自分は何者なのかと問い続けていきますので、宗教に戻ったり、逆にすべて断ち切ってしまったり、いろいろなケースがあります。

正統派に関しては、実は、時間がなかったので説明しなかったのですが、ポーランドで孤児を取り戻す活動を行っていた団体として、まずポーランド・ユダヤ人の代表である中央委員会と、シオニスト系の「Koordynacja（ポーランド・ユダヤ人青少年調整委員会：Koordynacja dla dzieci i młodzieży w Polsce）」というのがありました。それともう一つは、正統派ユダヤ教の団体も活動していたのです。正統派ユダヤ教の団体はまったく別で、自分たちのところに正統派の子どもを取り戻して、多くはイスラエルに移動していきます。このように社会から切り離されてしまった孤児のような人たちを、サポートする団体があるかという点についてですが、隠された、匿われた子どもなど、いわゆるチャイルド・サバイバーの団体が生まれるのが九〇年代です。これらは、ほぼイスラエル以外の場所で生まれています。アメリカ、フランス、イギリスですね。イスラエルでは、活動がないわけではないのですが、極めて小さいです。やはり戦後、移住したあとのシオニスト教育等で、ヨーロッパに残っているユダヤ人や、アメリカに移住したユダヤ人とは、まったく違う人生を送ったのではないかと思います。

高橋　武井先生にお伺いいたします。たとえば、日本でも残留孤児という方々がいらっしゃって、日本に本当の親が見つかったということで、会いに来られたりしましたけれど、このユダヤ人のケースでは、自分がユダヤ人だということに目覚めて、自分の本当の親を探したいという方々もいらっしゃったのでしょうか。

武井　匿われた子供の場合、実の親が亡くなり、孤児になっているという状況ですので、事後的に家族捜し、親類捜しというのは、できるとは思います。ただ、中国残留孤児などは比較の対象として考えたことはなかったです。でも、確かに類似する点はあるかもしれないですね。残留孤児も自分のルーツを知っているケースがあります。ただし産みの親はどこかわからない。そういう観点から、もしかすると比較研究というのも、できるのかもしれないなと、今、思いました。

髙橋　私もテルアビブに住んでいたのですが、ホロコースト記念日というのがありまして、その日には、軍隊で戦死した兵隊さんなんかも顕彰したりするのですよね。ですから、イスラエルにおいては、まだホロコースト自体が終わっていない。常に記憶がアップデートされているのだということは、あちらに行ってよく思っていました。

現代のユダヤ人社会

竹内　今、世界の情勢は、自国第一主義が広がっているかと思います。換言すれば、よそ者は受け入れない、という流れが大きいかと思います。ドイツでは、メルケル首相は、現在、大変苦労しています。日本においては、ほとんど何の準備もできていないのに、見切り発車のように、入管法の改正がなされようとしています。ヨーロッパは、現在、キリスト教の地盤沈下が激しい、と聞いています。そのような状況の中で、ユダヤ人の共同体がどのように維持されているのか、とても興味があるところです。その辺りについて、いかがでしょうか。

武井　私はドイツが専門ですので、ドイツのユダヤ人社会に限定して話すことになりますが、「ユダヤ人の共同体」というのは基本的には「ユダヤ教徒の共同体」です。ドイツの場合は自分の所属する宗教団体に、直接、教会税の形で税金を払うか払わないかというところが、信仰のある人と無宗教の人との違いになります。ユダヤ人のコミュニティというのは、ユダヤ教徒のコミュニティですね。ただ、その周辺に、宗教を実践していないけれどもユダヤ系だという人たちもそれなりにおります。信仰のある人だけですと、現在、一〇万人ぐらいです。一〇万人と言っても、戦前は五〇数万人おりましたので、かなり縮小していますが、これでも近年、大きなリバイバルがありました。それはなぜかと言うと、旧ソ連から、ロシア系のユダヤ人をドイツのユダヤ人コミュニティが受け入れたからです。戦後はずっと、二万人とか三万人の規模で、小さなコミュニティだったのですが、最近は盛り返しました。

自国第一主義などの関連でお話しますと、今、ドイツのユダヤ人コミュニティがとても危惧していることは、「ムスリムによる反ユダヤ主義」と、彼らが呼んでいるものです。たとえば、キッパを被ってベルリンなどを歩いていると、危ないと言われています。本当かどうか試してみようと思ったイスラエル人がいて、被って歩いてみたわけです。実はこの人はパレスチナ系のイスラエル人で、彼がユダヤ人の友達からキッパを被ると危ないという話を聞かされていたので試してみたわけです。そうしたら本当にシリア難民に襲撃されてしまいました。それを携帯で撮り、インターネット上にアップしたため、かなり大騒ぎになっています。ただ、実際問題としてドイツのユダヤ人社会は近年、「移民や難民がもたらしている」――これは括弧付きですけれども――反ユダヤ主義というものに極めて敏感になっています。ドイツにはナチの過去という歴史的な背景もありますので、ユダヤ人が心配していると言えば放っておくわけにはいかない風潮があります。そのため、事件はメディア等でも取り上げられる。そうすると、本当に、「イスラム教徒による反ユダヤ主義」という現象が創り出され、実体化していくという状況が見られています。

政治と宗教

竹内　ありがとうございます。今日は、話を展開することはできませんが、宗教と政治の関係は、とても大切だと思います。今でも、教会には、「教会で政治の話をするな」

という方々がいます。カトリックでは、教会が社会問題や政治のことについて公に文書を交付し始めたのは、一九世紀の教皇レオ一三世からです。その後も、歴代の教皇は、文書を出していきます。ヨハネ・パウロ二世は、とりわけ多くの文書を出しており、カトリックの内外から多くの評価を受けています。

一つ武井先生にお伺いしたいのは、ピウス一二世とユダヤ人との関係についてです。というのは、カトリックの中では、それについてあまり聞いたことがありませんので。

武井　実は、ピウス一二世については、日本の研究者の方でも本を書かれています。たとえば、宮田光雄先生も扱っていらっしゃいましたし、西南学院大学の河島先生もドイツのキリスト教徒とローマの関係などについて書かれていますし、大澤武男さん、恐らく上智の史学科のご出身だと思いますけれども、彼も『ローマ教皇とナチス』という本を書いていらっしゃいます。ですので、専門家にお任せしたいのですが、ピウス一二世については色々な側面から議論することができると思います。たとえば、どうしてあれだけのナチ犯罪者がバチカンを通って南米に逃げることができたのか、彼はそれを知っていたのか、そういった問題もあります。ただ、上智大学で教えていらっしゃる井上茂子先生のお話ですと、やっぱりナチ期に関するバチカンの文書というのは、ぜんぜん見ることができないそうです。歴史家フリートレンダー（Friedländer, Saul）がバチカンとナチの関係について書いた本が、今でも最も権威のある研究とされています。バチカンは非常に限定された個人にしか、また、ごく一部しか史料を開示しないようです。開示する義務もないわけですが、いつかそういうものが出て、研究が出る日が来るかもしれません。

竹内　ユダヤの共同体の方々は、ピウス一二世について、特別な意見を持っているのでしょうか。

武井　ユダヤ人社会におけるピウス一二世の評価は決して良くはないですが、どちらかと言いますと、たぶん、キリスト教徒の側が戦後に神学的な議論をする中で向き合ってきた問題なのではないのかな、という気がします。

竹内　ありがとうございました。先生方、他に何かご質問はありませんでしょうか。

ユダヤ人とユダヤ民族

高橋　武井先生に、お伺いします。いわゆる有機的な集合としてのユダヤ人、ユダヤ民族と、おっしゃっていましたけれども、たとえば、イスラームですと、それに対するウンマ（أُمَّة : umma）という、まさに神学的な用語があるわけですが、ユダヤ教でこういうものを指す用語というものはありましたでしょうか。

武井　「ユダヤ世界」を意味する言葉として、Weltjudentum や、World Jewry という表現があります。もしくは、単純に大文字で The Jewish People という言い方をすると思います。ただ、ユダヤ人の歴史の中では、集団としてのユダヤ人と個人としてのユダヤ人の相剋が見られました。たとえば、近代以降のヨーロッパ社会の中では、ユダヤ教徒とは実際に、国家内国家みたいな立場でありますよね。ユダヤ人の共同体は実際に共同体内で司法権を持っていたりします。共同体に属す権利というものを、彼らは持っていると考えられてきました。ただ、近代以降、特にフランス革命以降は、ユダヤ人というのは「個人」になっていきますので、そうすると、それまで共同体が持っていた権利というのは否定されていくような流れが出るのです。やはり、ホロコーストという事態を経験すると、再びネーションnationとしてのユダヤ人というものが、概念として非常に強く出てくるのです。それをシオニズムというふうに呼ぶ人もいますけれども、ホロコーストの後で何が特徴的だったかと言うと、それが現実の法律の問題と関わってきたということです。財産の相続権とか、個人の養育権もそうですが、権利を誰に認めるのかという、本当の現場の法律の問題になってきたときに、彼らは実際に、「The Jewish People」、ユダヤ人に属す権利だというふうに言うのです。ですので、ユダヤ人の歴史に常に見られた集団としてのユダヤ人と国家の関係というものが、またホロコーストを機に、より集団性に戻りつつ前面に出てくるという、そのような流れがあったと思います。

高橋　ありがとうございます。なぜ今の質問をしたかと言いますと、旧約聖書の中でも、「ブネ・イスラエル＝イスラエルの子ら」というのと、「コル・イスラエル＝全イスラエル」という、大きく二つの用語が出てくるのですが、どうも使われ方が違うようなのです。「イスラエルの子ら」というのは、イスラエルの国家成立以前、ダビデ王朝よりも前に比較的よく出てきます。一方、「全イスラエル」というのは、歴代誌、エズラ・ネヘミヤ記、つまり、後期の文書に比較的よく出てくるという違いが、どうもあるらしい。「全イスラエル」というのは、結構、人格的に使われており、動詞が単数形になったりします。どういう場合に単数形になるかということを、私はざっと調べたことがありまして、「見る」など、日常的な動作に関することは単数形で出て来ます。権利に関することも、そういう集団をcollectiveに単数として見るということがあるならば、当時のイスラエル人が自分たちの共同体をどう捉えていたのかということも、わかるのではないのかなと、今、思っているところです。ですから、nationとしてのユダヤ人、集団としてのユダヤ人というのを、非常に興味深く拝聴しました。

ユダヤ教のキリスト教への挑戦

竹内　私の方から志田先生にお尋ねしたいのですが、ご講演で紹介された文献の中で、英語で読めるものはありますでしょうか。もしあるようでしたら、少しでも興味のある方が読めるかと思いまして。

ところで、ドゥランの『異教徒の恥辱』のお話の中で、一四世紀、キリスト教の体系が批判された、とおっしゃいました。面白いなと思ったのは、キリスト教の体系がほぼ完成されたのは、一三世紀のトマスだと思いますが、その後の一四世紀に、さらにその体系に対して、ユダヤ教はどのように挑んで行ったのでしょうか。

志田　まず一点目ですね。今日ご紹介したものは全部ヘブライ語の作品ですけれども、英語に翻訳されているのが、ヨセフ・キムヒの『契約の書』と『勝利の書（古）』です。それから、ナフマニデスという人が出てきましたが、彼の作品もいくつか英訳されています。講演で引用した彼の『討論録』については、実は私が先月、ある研究会のために日本語に全訳しました。もしナフマニデスの『討論録』を全部読みたいという方がおられましたら、ぜひご連絡をくだされればと思います。それから、後半で紹介した『トルドート・イェシュ』というユダヤ版イエス伝についても英訳が出ています。そのうちの一つ、ストラスブール写本三九七四については、二〇一七年のあるシンポジウムのために私が全訳しました。これは近いうちに学術雑誌で出版する予定です。

二つ目のドゥランの話ですが、キリスト教の体系化に対する彼の理解がどの程度であったのかということは、私も正直よくわからないのです。このドゥランの作品でとにかく強調されているのは、キリスト教を歴史的に形成されてきた宗教として捉えるという視点です。ドゥランの議論の一番重要なポイントは、イエス自身の教えと、その後のキリスト教の制度や教義は一致していない、違うものだという主張です。これは何だか、宗教学の講義を聞いているような感じがします。私が宗教学の人間だからかもしれませんが、一つの宗教は歴史的に変化していくものだ、というような理解をドゥランが示している点がとても興味深いです。キリスト教というのは、ある創唱者がいて、その創唱者の言っていることがそのままずっと保持されてきたものではない、という考えを持っていた人が彼の周りにもいたのかもしれません。いずれにせよ、宗教は歴史的に変化していくものだという理解がすごく特徴的です。もしこの作品がキリスト教への論駁書でなければ、そのままキリスト教の概説で使いたいくらいです。イエスの宗教運動がどうやって歴史的に変化していったのかという主題を、ドゥランは明確に自覚しています。そのため、この作品を読んだ最初の感想は、彼がキリスト教を批判したいのかどうかがよくわからない、というものでした。後代に成立した教義を批判することの裏返しとして、もしかしたらドゥランはイエスの宗教運動に対して、ポジティブな見方をしていたのかもしれないと感じたからです。イエスの教えはこうだったけれど、今のキリスト教の教えはそれとは違っている。そして、ドゥランが批判しているのは後者ですので、実は意外にもイエスに対するポジティブな見方をしているのではないかと思うのです。それはすごく面白いところかなと思います。

竹内　ありがとうございました。かつてアルフレッド・ロワジー（一八五七―一九四〇年）は、「イエスは福音を伝えたのに、やって来たのは教会だった」と語りました。

さて、そろそろ時間となりました。これをもちまして、今回の連続講演会、そしてこのシンポジウムを終了としたいと思います。まもなく待降節を迎えますが、皆さん、主のご降誕に向けてよい準備の時を過ごされますように、お祈り申し上げます。

ありがとうございました。

（文責　竹内　修一）

執筆者紹介

髙橋　洋成　（たかはし　よな）

1978年生まれ。東京大学、筑波大学大学院、テルアビブ大学大学院出身。東京外国語大学アジア・アフリカ言語文化研究所特任研究員、上智大学神学部非常勤講師。

「セム諸語の語構造に対する一般言語学的アプローチ」『オリエント』48号、2005年。「聖書ヘブライ語のニファル動詞の歴史的発展について」『オリエント』56号、2013年。「A Small Dictionary of Hamar with Some Notes on Banna and Karo」『Studies in Ethiopian Languages』4号、2015年。「『イスラエルの子ら』と『全イスラエル』―旧約聖書に見られる2つの自己同一性」『地球システム・倫理学会会報』13号、2018年。「Πᾶσα γραφὴ θεόπνευστος―聖書の解釈と正典の意味に関する覚え書き」『New 聖書翻訳』5号、2019年。

志田　雅宏　（しだ　まさひろ）

1981年生まれ。東京大学大学院修了。早稲田大学招聘研究員。

「ナフマニデスのメシアニズム―バルセロナ公開討論からの展開―」『宗教研究』86号、2012年。（翻訳）M・ハルバータル著『書物の民　ユダヤ教における正典・意味・権威』教文館、2015年。「ナフマニデスの聖書解釈研究―知の源泉とその彼方―」（東京大学提出博士論文、第9回東京大学南原繁記念出版賞受賞作）、2017年。「聖と俗の混紡―現代イスラエルにおけるユダヤ教の諸相―」『いま宗教に向きあう3　世俗化後のグローバル宗教事情』岩波書店、2018年。「預言への思索―マイモニデス、ナフマニデス、アブラフィア―」『霊と交流する人びと　媒介者の宗教史』（下巻）リトン、2018年。「中世ユダヤ教民間伝承におけるキリスト教世界への対抗物語―改宗を語ることをめぐって―」『宗教研究』93号、2019年。

武井　彩佳　（たけい　あやか）

早稲田大学文学部史学科出身、博士（文学）。学習院女子大学教授。ドイツ現代史、ホロコースト研究。

『戦後ドイツのユダヤ人』白水社、2005年。『ユダヤ人財産はだれのものか―ホロコーストからパレスチナ問題へ』白水社、2008年。『〈和解〉のリアルポリティクス―ドイツ人とユダヤ人』みすず書房、2017年。翻訳に、ダン・ストーン『ホロコースト・スタディーズ―最新研究への手引き』白水社、2012年。監訳に、ウェンディ・ロワー『ヒトラーの娘たち―ホロコーストに荷担したドイツ女性』明石書房、2016年。

竹内　修一　（たけうち　おさむ）

1958年生まれ。上智大学哲学研究科修了、同大学神学部神学科卒業、Weston Jesuit School of Theology（STL：神学修士）、Jesuit School of Theology at Berkeley（STD：神学博士）。カトリック司祭（イエズス会）。上智大学神学部教授。

『風のなごり』教友社、2004年。『ことばの風景』教友社、2007年。『教会と学校での宗教教育再考』（共著）オリエンス宗教研究所、2009年。『愛――すべてに勝るもの』（共著）教友社、2015年。「キリスト教における人間観」上智大学生命倫理研究所『生命と倫理』、2016年。『【徹底比較】仏教とキリスト教』（共著）大法輪閣、2016年。「いのちと平和」上智大学キリスト教文化研究所『紀要』、2017年。「いのちの視座とその涵養」オリエンス宗教研究所『福音宣教』、2018年。

ユダヤ教とキリスト教

発行日　2019年10月15日

編　者　上智大学
　　　　キリスト教文化研究所
発行者　大石昌孝
発行所　有限会社　リトン
　　　　〒101-0061　東京都千代田区神田三崎町 2-9-5-402
　　　　電話 (03) 3238-7678　FAX (03) 3238-7638
印刷所　株式会社 TOP 印刷

ISBN978-4-86376-076-9 C0016　<Printed in Japan>

日本における聖書翻訳の歩み

上智大学キリスト教文化研究所編

四六判並製　154 頁　本体 2000 円＋税

佐藤　研／小高　毅／渡部　信／山浦玄嗣／佐久間勤師の論文を収録。

ISBN978-4-86376-033-2

文学における神の物語

上智大学キリスト教文化研究所編

四六判並製　132 頁　本体 2000 円＋税

片山はるひ／佐久間勤／竹内修一／山根道公師の論文を収録。

ISBN978-4-86376-039-4

聖書の世界を発掘する――聖書考古学の現在

上智大学キリスト教文化研究所編

四六判並製　174 頁　本体 2000 円＋税

津本英利／小野塚拓造／山吉智久／月本昭男／長谷川修一氏の論文を収録。

ISBN978-4-86376-045-5

ルターにおける聖書と神学

上智大学キリスト教文化研究所編

四六判並製　156 頁　本体 2000 円＋税

内藤新吾／竹原創一／吉田　新／川中　仁／鈴木　浩／竹内修一師の論文を収録。

ISBN978-4-86376-053-0

慈しみとまこと――いのちに向かう主の小道

上智大学キリスト教文化研究所編

四六判並製　132 頁　本体 1500 円＋税

月本昭男／ホアン・アイダル／竹田文彦師の論文とシンポジウムを収録。

ISBN978-4-86376-062-2

宗教改革期の芸術世界

上智大学キリスト教文化研究所編

四六判並製　148 頁　本体 1500 円＋税

中島智章／児嶋由枝氏の論文とシンポジウム（磯山雅氏参加）を収録。

ISBN978-4-86376-067-7